POSIÇÕES DIANTE DO
TERRORISMO
RELIGIÕES • INTELECTUAIS • MÍDIAS

POSIÇÕES DIANTE DO
TERRORISMO
RELIGIÕES • INTELECTUAIS • MÍDIAS

1ª EDIÇÃO

Organizadores

Cilene Victor
Mustafa Goktepe
Roberto Chiachiri
Yusuf Elemen

2018

Copyright © 2018 de Centro Cultural Brasil-Turquia
Todos os direitos desta edição reservados à Editora Labrador.

Coordenação editorial
Diana Szylit

Projeto gráfico, diagramação e capa
Nilthon Fernandes

Revisão
Vitória Oliveira Lima

Foto de capa
alexkich/iStock.com

Fotos
Centro de Eventos Cásper Líbero

Conselho Acadêmico da Conferência sobre Terrorismo
Bernardo Sorj, Fernando Altemeyer Junior, Mustafa Goktepe, Murilo Sebe Bom Meihy, Peter Demant, Roberto Chiachiri e Yusuf Elemen

Dados Internacionais de Catalogação na Publicação (CIP)
Andreia de Almeida CRB-8/7889

Posições diante do terrorismo : religiões, intelectuais, mídias / organizadores: Cilene Victor, Mustafa Goktepe, Roberto Chiachiri, Yusuf Elemen. — São Paulo : Labrador, 2018.
224 p.

ISBN 978-85-93058-51-6

1. Filosofia 2. Comunicação de massa 3. Terrorismo – Aspectos sociais 4. Religião 5. Construção da paz I. Victor, Cilene II. Goktepe, Mustafa III. Chiachiri, Roberto.

17-1586   CDD 100

Índices para catálogo sistemático:
1. Filosofia

www.brasilturquia.com.br

EDITORA LABRADOR
Diretor editorial: Daniel Pinsky
Rua Dr. José Elias, 520 – Alto da Lapa
05083-030 – São Paulo – SP
Telefone: +55 (11) 3641-7446
Site: http://www.editoralabrador.com.br
E-mail: contato@editoralabrador.com.br

A reprodução de qualquer parte desta obra é ilegal e configura uma apropriação indevida dos direitos intelectuais e patrimoniais do autor.

SUMÁRIO

Primeiras palavras   **9**
Cilene Victor e Roberto Chiachiri

Carta ao leitor   **13**
Mustafe Goktepe
Presidente do CCBT

Mensagem de paz   **17**
Fethullah Gülen, Movimento Hizmet

Onde está o teu irmão?   **21**
Mario Sergio Cortella

CAPÍTULO 1

MÍDIAS
Liberdade de expressão. Mídia e terminologia usada sobre religiões. O papel da mídia na paz no mundo

   As impressões de um jornalista   **31**
   Lourival Sant'Anna

Terrorismo como uma conveniente ferramenta para os regimes opressores   **39**
Sevgi Akarçeşme

O islamismo na mídia brasileira: entre humor, exotismo e terrorismo   **45**
Samira Adel Osman

CAPÍTULO 2

INTELECTUAIS
Liberdade de expressão. Exemplo do Brasil na convivência harmoniosa. Importância da educação e do diálogo para impedir o terrorismo. O papel dos formadores de opinião na paz no mundo

Por que ser jihadista? A mancha cega dos intelectuais públicos perante o terrorismo islamita   **79**
Peter Demant

Terrorismo e os desafios da sociedade (in)civil global   **107**
Jorge M. Lasmar e Guilherme Damasceno Fonseca

O papel de líderes de opinião na promoção da paz mundial   **119**
Kerim Balci

Terrorismos são doenças degenerativas   **125**
Fernando Altemeyer Junior

CAPÍTULO 3

RELIGIÕES
Liberdade de expressão e respeito aos sagrados das religiões. Posição das religiões diante da intolerância e do radicalismo. Papel das religiões pela paz no mundo. Relação entre mídia e religião

Antes que seja tarde demais...   137
Dirk Ficca

Posição da Igreja Católica diante do terrorismo   145
Dom Julio Akamine

Educação para a paz como ferramenta contra o terrorismo   151
Rabino Michel Schlesinger

Construindo a paz com uma palavra assustadora: o caso de Fethullah Gülen e o movimento Hizmet   159
Suleyman Eris

Counter Extremism Project: a informação a serviço da paz   169
Beatriz Lopes Buarque

Terrorismo à brasileira: o debate sobre o Projeto de Lei 2.016/15 no Congresso Nacional   183
Guilherme de Jesus France

Terror em operações de paz multidimensionais das Nações Unidas   207
Aline Cirino Gonçalves e Ana Cristina Nunes Escaleira

Primeiras palavras

Historicamente construído, o terrorismo é um dos assuntos mais multifacetados da atualidade, com aspectos e implicações política, cultural, religiosa, midiática, social e econômica.

A sua compreensão, condição primária para o seu enfrentamento, demanda uma abordagem multi, inter e transdisciplinar capaz de alcançar a complexidade que faz desse problema um dos mais desafiadores da chamada modernidade tardia.

A constante simplificação da temática e a busca de respostas rápidas e isoladas levam a um olhar reducionista que apenas contribui para retardar a lucidez necessária para combater suas múltiplas raízes.

A complexidade do terrorismo, na acepção empregada por Edgar Morin no seu clássico pensamento complexo, não permite sua investigação separada em disciplinas científicas que não interajam entre si ou tampouco dialoguem com a própria realidade.

Em várias partes do mundo, o terrorismo tem sido estudado pelas diversas áreas do conhecimento. Raras exceções, os estudos acadêmicos têm se preocupado, num primeiro momento, em reparar o abismo entre a academia e a realidade à sua volta, obrigando pesquisadores a sintetizar suas investigações e conferir a elas conclusões incompatíveis com esta "era das incertezas".

Embora o apelo midiático do terrorismo não seja um fenômeno novo, em tempos de mídias sociais ele ganha outra dimensão e se configura como um dos seus principais agravantes. Quando o mundo real se funde com o virtual, as instituições sociais levam mais tempo para perceber que não estão discutindo ou enfrentando o terrorismo, de fato, mas, sim, aquele midiaticamente representado e construído.

O debate sobre as causas e consequências do terrorismo, assim como o seu enfrentamento, representado na falência da política da "guerra contra o terror", não tem excedido as fronteiras da evanescência e da incipiência, pelo menos não no contexto da esfera pública midiática.

De um lado, a forma cartesiana de produzir e compartilhar conhecimento, muitas vezes protegida por muros, tem-se mostrado incompatível com as proporções que o terrorismo alcançou. Do outro, a inovação tecnológica no campo da informação e da comunicação deu origem a aforismos e a promessas de um diálogo que tem sido abafado pela dissonância que as mídias sociais potencializaram.

Atento às fragilidades do reducionismo e da simplificação, este livro, resultado direto da Conferência sobre Terrorismo – religiões, intelectuais e mídias, realizada na Faculdade Cásper Líbero, nos dias 8 e 9 de março de 2016, propõe uma abordagem transdisciplinar e dialógica para a compreensão e, consequentemente, o combate ao terrorismo.

O prefácio deste livro, escrito por Mustafa Goktepe, imprime um especial agradecimento ao público presente à Conferência e a todas as pessoas e instituições que possibilitaram a sua realização.

A mensagem de abertura do livro, assinada por Fethullah Gülen, inspirador do Movimento Hizmet, saúda e encoraja todas e todos aqueles representados nas três facetas aqui contempladas, evidenciando o papel social dos religiosos, dos intelectuais e dos profissionais da mídia na promoção da paz e da convivência harmoniosa, especialmente em sociedades multiculturais.

As impressões do filósofo e educador Mario Sergio Cortella, conferencista convidado para a fala de abertura do evento, refletem a atmosfera do debate que tentamos traduzir nesta obra. Cortella passeia pela história e amparado na simbologia de Caim e Abel convida-nos para uma reflexão presente na metáfora: "Onde está o teu irmão?".

Dividido em três capítulos, "Mídias", "Intelectuais" e "Religiões", este livro soma a compilação das apresentações dos conferencistas convidados aos artigos submetidos por acadêmicos que pesquisam sobre o tema.

No primeiro capítulo, "Mídias", tema central da primeira mesa da Conferência, assuntos como liberdade de expressão, terminologia usada sobre religiões e o papel da mídia na paz do mundo norteiam o debate.

"As impressões de um jornalista", assinado por Lourival Sant'Anna, abre o capítulo e é seguido por "Terrorismo como uma conveniente ferramenta para os regimes opressores", da jornalista Sevgi Akarçeşme, e "O islamismo na mídia brasileira: entre humor, exotismo e terrorismo", que traduz a fala da professora Samira Adel Osman.

"Intelectuais", o segundo capítulo, contempla discussões como liberdade de expressão, importância da educação e do diálogo para impedir o terrorismo e o papel dos formadores de opinião na paz no mundo.

"Por que ser jihadista? A mancha cega dos intelectuais públicos perante o terrorismo islamita", de Peter Demant, abre o capítulo, seguido das reflexões de Jorge M. Lasmar e Guilherme Damasceno Fonseca, em "Terrorismo e os desafios da sociedade (in)civil global", de Kerim Balci, com "O papel de líderes de opinião na promoção da paz mundial", e de Fernando Altemeyer Junior, em "Terrorismos são doenças degenerativas".

O terceiro e último capítulo, "Religiões", é norteado pelas discussões em torno de temáticas como liberdade de expressão e respeito aos sagrados das religiões, posição das religiões diante da intolerância e do radicalismo, papel das religiões pela paz no mundo e o seu diálogo com a mídia.

Dirk Ficca abre o capítulo com "Antes que seja tarde demais...", seguido por "Posição da Igreja Católica diante do terrorismo", de Dom Julio Akamine; "Educação para a paz como ferramenta contra o terrorismo", do rabino Michel Schlesinger; "Construindo a paz com uma palavra assustadora: o caso de Fethullah Gülen e o movimento Hizmet", de Suleyman Eris; "Counter Extremism Project: a informação a serviço da paz", de Beatriz Lopes Buarque; e "Terror em operações de paz multidimensionais das Nações Unidas", de Aline Cirino Gonçalves e Ana Cristina Nunes Escaleira.

Com este livro, vislumbramos traduzir as aspirações dos organizadores, editores, conferencistas, articulistas e público presente na Conferência sobre Terrorismo: religiões, intelectuais e mídias.

Por mais modestas que sejam as aspirações pela paz e a harmonia entre os povos, elas só são possíveis quando permitimos e fomentamos o diálogo.

E ao diálogo caberá o compromisso de reduzir as distâncias entre os que vislumbram e os que promovem e defendem a paz!

Este não é o fim, mas o começo de uma relação dialógica entre Mídias, Religiões e Intelectuais.

Boa leitura!

Cilene Victor e Roberto Chiachiri

Prezados leitores e prezadas leitoras,

Este livro é fruto da conferência internacional organizada pelo Centro Cultural Brasil-Turquia em parceria com a Faculdade Cásper Líbero, nos dias 8 e 9 de março de 2016, sob o título Conferência sobre Terrorismo: religiões, intelectuais e mídias.

O Centro Cultural Brasil-Turquia é uma instituição brasileira, não governamental, inspirada no Movimento Hizmet, fundada em 2011 por mim, com um grupo de voluntários turcos e brasileiros. Por meio de atividades culturais, acadêmicas e sociais, o CCBT tem o objetivo de promover diálogo, respeito, entendimento intercultural e coesão social. São duas unidades em São Paulo, uma filial em Brasília e outra no Rio de Janeiro.

Tivemos a honra de realizar essa conferência na primeira escola superior de jornalismo da América Latina, Faculdade Cásper Líbero, com apoio ininterrupto dos professores Carlos Costa, Roberto Chiachiri e Cilene Victor.

Na conferência, tivemos também a honra de receber uma mensagem de Fethullah Gülen, inspirador do Movimento Hizmet, um movimento cívico-social que surgiu na Turquia na década de 1970 e está presente em 170 países com trabalhos em educação, cultura, diálogo, mídia e na área empresarial. Em um mundo cada vez mais violento, intolerante e polarizado, os trabalhos do Movimento Hizmet na contribuição para a construção do diálogo entre civilizações, culturas e religiões são muito importantes. O CCBT, sendo uma instituição inspirada no Hizmet, organizou essa conferência com objetivo de promover um debate sobre as causas e consequências do terrorismo ao redor do mundo, focando no papel das mídias, religiões e intelectuais diante desse fenômeno.

Agradeço ao Conselho Acadêmico da conferência, formado por Prof. Dr. Fernando Altemeyer Junior, da PUC-SP, Prof. Dr. Peter Demant, da USP, Prof. Dr. Murilo Sebe Bon Meihy, da UFRJ, Prof. Dr. Bernardo Sorj, do Instituto Edelstein-RJ, Prof. Dr. Roberto Chiachiri, da FCL. Agradeço também à equipe do CCBT em São Paulo, que colaborou com a conferência, Yusuf Elemen, Celalettin Yasar, Ziya Kariparduç e Paloma Oliveira.

No Brasil, pela primeira vez, intelectuais, jornalistas e religiosos nacionais e internacionais de diferentes segmentos da sociedade se reuniram para debater terrorismo. Eu e o Prof. Carlos Costa, o diretor da Faculdade Cásper Líbero, demos as boas-vindas. Bernardo Sorj fez a abertura em nome do Conselho Acadêmico da Conferência.

O Keynote Speaker da conferência foi o intelectual brasileiro Mario Sergio Cortella, docente da PUC-SP e especialista educacional. A Mesa de Mídias contou com a presença do jornalista Lourival Sant'Anna, com ampla experiência em cobertura de conflitos, e de Samira Adel Osman, professora de História da Ásia (Unifesp). Infelizmente, a colunista do jornal Turco Today's Zaman, Sevgi Akarçeşme, não pôde estar presente devido à onda de repressão à liberdade de imprensa no país. No dia 4 de março de 2016, autoridades da Turquia tomaram o controle do jornal Zaman, impossibilitando a viagem da jornalista. Ela enviou uma mensagem de vídeo e um pronunciamento, no qual enfatiza que "as ditaduras utilizam o terrorismo como uma forma de silenciar as críticas".

A Mesa de Intelectuais foi composta pelos professores Peter Demant (USP), Jorge Lasmar (PUC-MG), Eric Brown (Instituto Hudson) e Kerim Balci (Turkish Review), todos com amplo conhecimento e domínio sobre o assunto; eles abordaram tema de grande relevância, provocando questionamentos intrigantes no público. A Mesa de Mídias foi mediada pelo Prof. Roberto Chiachiri, vice-diretor da Cásper Líbero.

A Mesa de Religiões contou com a presença de cinco expoentes do mundo religioso: Reverendo Dirk Ficca (EUA), Dom Julio Endi Akamine (Arquidiocese de São Paulo), Rabino Michel Schlesinger (Congregação Israelita Paulista), Sheikh Samir Boudinar (Marrocos) e Suleyman Eris (EUA). O mediador foi Fernando Altemeyer Junior, docente da PUC-SP.

O interesse do público, que lotou o auditório com capacidade para 400 pessoas durante toda a conferência, e a grande repercussão que teve na mídia fizeram dela, sem dúvida, um grande sucesso. E nós, do CCBT, estamos com a sensação de dever cumprido.

Este livro, lançado graças ao trabalho esforçado dos amigos Roberto Chiachiri e Cilene Victor, será uma colaboração permanente da conferência à sociedade. Estou certo de que a conferência e o livro contribuem para um mundo melhor, mais pacífico e unido.

Desejo uma boa leitura e um mundo sem terrorismos!

Mustafa Goktepe

Presidente do CCBT

Mensagem de paz*

Estimados participantes da conferência e organizadores, especialmente professores e administradores da Faculdade Cásper Líbero, aplaudo seus esforços para discutir um tema tão crítico como este, num período difícil pelo qual a humanidade está passando. O meu estado de saúde não me permite estar com vocês neste evento significativo, que se destina a servir à paz mundial, estando em solidariedade, ombro a ombro, contra o desafio apresentado pelo fenômeno do terrorismo.

Este trabalho de reunir pessoas de diferentes nacionalidades e religiões com o objetivo de contribuir para a paz é simbolicamente importante no mundo de hoje, onde a humanidade está cansada de conflitos violentos e está sedenta por vislumbres de esperança para o seu futuro.

Cada um dos líderes religiosos, intelectuais e profissionais da comunicação tem um papel significativo a desempenhar no esforço para conter e erradicar o problema obscuro do terrorismo.

Embora as hostilidades e os conflitos da história tenham sido impulsionados pela ganância sobre os interesses mundanos, às vezes, nacionalidade, classe e religião têm sido usadas como meios a fim de mobilizar as massas para um determinado lado.

Todas as grandes religiões do mundo procuram dar as mãos aos seus adeptos e orientá-los, por sua vontade, através de uma viagem em que encontram o significado de suas vidas e alcançam a paz interior. Aqueles indivíduos que encontram a paz em seu mundo interior são os alicerces da paz no mundo exterior. Os líderes religiosos têm a oportunidade de ajudar a incutir essa perspectiva dentro de suas audiências e ajudar a expor ideologias perversas disfarçadas de religião.

As dificuldades políticas, econômicas, sociais e psicológicas, muitas vezes, preparam um terreno fértil para a radicalização e o recrutamento de terroristas. Independente-

---

* Saudações especialmente destinadas aos presentes na Conferência Internacional sobre Terrorismo: religiões, intelectuais e mídias – posições diante do terrorismo.

mente da raiz desses males, a educação e a colaboração social representam dois meios de confrontá-los.

Os intelectuais de toda sociedade têm a oportunidade de contribuir com abordagens eficazes nestas áreas. Que tipo de currículos escolares pode incutir a mentalidade pluralista que vai ajudar cada jovem a respeitar qualquer outro ser humano? Como os membros de uma religião ou etnia podem se integrar com a sociedade em geral para ajudar a prevenir a radicalização entre si? Como podem ser criados ambientes exemplares que demonstrem a possibilidade de harmonia social e inspirem as massas? Estas e outras questões são melhor abordadas por intelectuais que não estão limitados pelas restrições de preocupações políticas ou benefício de curto prazo.

O acesso às informações verídicas e imparciais é um dos pilares da democracia. Os representantes da mídia desempenham um papel crucial informando a sociedade sobre aspectos pertinentes dos problemas que ela está enfrentando e permitem a cada um dos segmentos da sociedade se expressar. Eles podem expor os que alimentam a intolerância e o medo na sociedade. Eles podem desmascarar mitos e quebrar estereótipos falsos que alimentam o medo e a inimizade. Eles podem destacar exemplos inspiradores e dar espaço para a mensagem de esperança.

Neste contexto, o Brasil é digno de menção como um país onde as diferenças não causam a separação da sociedade e dá exemplos de relações sociais pacíficas e harmoniosas.

Esta conferência pretende abordar um importante problema experimentado em nosso mundo cada vez mais globalizado. Reúne membros de três importantes grupos constitutivos da sociedade para refletir sobre um desafio comum que todos nós enfrentamos.

Espero e rezo para que as discussões realizadas e as opiniões apresentadas neste evento ajudem a promover a paz e a harmonia na sociedade, não só no Brasil, mas em todo o mundo.

Respeitosamente,

Fethullah Gülen

■ Onde está o teu irmão?

Mario Sergio Cortella ■

Onde está o teu irmão?[1]
Mario Sergio Cortella[2]

Satisfação imensa encontrar tantos homens e mulheres que se recusam à covardia, que se recusam a ter aquilo que os latinos chamavam de "ser pusilânime", isto é, fraco, incapaz de reagir ao que precisa ser afastado da nossa convivência, do nosso dia a dia, do nosso futuro.

Padre Antônio Vieira, um dos maiores escritores de língua portuguesa, inicia um de seus sermões dizendo "peço desculpas a todos, mas não tive tempo para ser breve". Eu terei tempo de sê-lo. Quero neste tempo que tenho, acima de qualquer coisa, lembrar da importância de não nos esquecermos de uma antiga frase que diz "os ausentes nunca têm razão".

Há situações na vida e na história, no dia a dia e no tempo, em que omitir-se, silenciar-se, em grande medida, aproxima-se da cumplicidade. E quando pensamos nas religiões, na mídia, no mundo acadêmico, a cumplicidade não se dá apenas pelo apoio, se dá também pelo silêncio, pela omissão, por aquilo que oferece uma falsa paz.

---

1. Este texto corresponde à fala de Mario Sergio Cortella proferida durante a Conferência.
2. Nascido em Londrina, Paraná (1954), é filósofo, mestre e doutor em Educação, professor-titular da PUC-SP, na qual iniciou a docência e a pesquisa, em 1977, e professor-convidado da Fundação Dom Cabral. Foi Secretário Municipal de Educação de São Paulo (1991-1992). É escritor e conferencista e tem presença constante na mídia como debatedor e comentarista.

■ Onde está o teu irmão?

Como sempre lembrado, somos um país e esperamos que por muitos séculos não tenha entre nós um tipo específico de terrorismo. Temos outros modos, cujos efeitos são assemelhados. Mas não temos aquilo que, do ponto de vista formal, é chamado de terrorismo. E é porque não temos que precisamos organizar conferências, que temos de fazer com que haja a voz que não cala, que não recua, que não foge, que não se omite. A voz daquelas e daqueles que, no cotidiano, são vítimas de algo que degrada a ideia de humanidade, degrada cada uma e cada um de nós.

Por isso, algum silêncio meditativo tem de ser feito para que possamos ouvir talvez a nossa própria voz, aquilo que dentro de nós está, para nos perguntarmos o que precisa ser feito. Nós, quando aqui viemos, também para conferir – por isso, uma conferência – qual era o nosso nível de credibilidade enquanto capacidade de enfrentar, recusar, afastar tudo aquilo que apodrece a ideia de humanidade e, dentro dela, a ideia de fraternidade?

Há um escritor, poeta romano do século 1 a.C., na datação do calendário comum, chamado Publio Terêncio. Ele escreveu várias comédias, produziu aquilo que em literatura às vezes também é chamado de tragicomédia. Terêncio tem muitas peças que foram afamadas no mundo medieval. Ele não teve tanto sucesso no seu próprio tempo, mas é um dos autores que mais influenciaram Molière, por exemplo, um dos maiores escritores do nosso tempo de modernidade.

Uma das peças de Terêncio é clássica, cuja tradução do grego para o português é *O homem que puniu a si mesmo*. Aliás, só por curiosidade, Terêncio nasceu em Cartago, cidade que faz parte do que hoje é a Tunísia. Nessa obra, Terêncio inseriu uma frase que é quase um lema e vários pensadores na história a adotaram como sendo a sua própria máxima, entre eles Karl Marx, no século 19. Terêncio escreveu: "Sou homem e nada do que é humano me é estranho".

Razão pela qual, mesmo numa nação como o Brasil, insularmente protegida em relação a algumas formas de degradação da vida humana e da própria ideia de humanidade, nós não podemos nos esquecer da importância que carrega esta frase de Terêncio. Uma conferência como esta terá uma tarefa especial: aclarar qual é o nosso desejo e prática de humanidade e qual é a nossa ideia do que significa, de fato, ser humano.

Interessante porque, quando eu lembro dessa frase de Terêncio, sempre vem à tona uma expressão aterrorizante para mim. Quem aqui não é brasileiro talvez nunca tenha tido a chance de ler aquele que é um dos maiores escritores da nossa pátria, que é Machado de Assis. Um dos fundadores da Academia Brasileira de Letras. Há muitas obras dele traduzidas para vários idiomas. Um homem do final do século 19, que era afrodescendente e que muitas vezes assim não é identificado. Há um processo também de intolerância em relação àqueles ou àquelas que, não sendo reconhecidos como principais, acabam sendo embranquecidos numa sociedade extensamente de poderio indo-europeu. Por isso, muitas pessoas que leram e estudaram Machado de Assis não identificaram nele a característica e a condição de negro. Ainda hoje, há na nossa sociedade um embranquecimento daqueles que vindo de outras camadas sociais, de outras condições, acabam não tendo a identidade que é considerada mais relevante e mais homogênea e, no caso, hegemônica.

Curiosamente, Machado de Assis era neto de escravos. E Terêncio foi escravo, capturado pelos romanos. O homem que o comprou (olha que palavra estranha) o levou para Roma, depois a ele ofereceu (olha que coisa estranha) liberdade. Como é possível oferecer liberdade a alguém? Como é possível comprar alguém? Como é possível vender alguém? Ainda assim, quando Terêncio tem o seu momento de escravo, ele produz algumas coisas que, depois, Machado de Assis vai lembrar de algum modo.

Porém, Machado de Assis tem uma frase que é absolutamente assustadora para mim. Ele tem um livro que é clássico, chamado *Memórias póstumas de Brás Cubas*, que é a fala de um morto. Interessante, nós viemos aqui falar sobre vida, sobre a recusa à morte inútil, à morte agressiva, à morte violenta, mas não podemos esquecer que essa morte serve para lembrar a vida.

Nesse sentido, em *Memórias Póstumas de Brás Cubas*, há uma frase que nos assombra, quando Machado de Assis escreve "ninguém se fie da felicidade presente, há nela uma gota da baba de Caim".

Nós estamos falando de religião, mídia, intelectuais, terrorismo e, ao falar de religião, não podemos esquecer daquela que é a matriz das grandes religiões que hoje também tem um digladio nos seus vários povos. Não podemos esquecer que as religiões do "livro", o judaísmo, o cristianismo e o islamismo, essas três grandes fontes de vitalidade têm como matriz a crença da história judaica, que inspira no seu livro tanto cristãos quanto islâmicos. Nele, há um relato que, para mim, é onde ecoa a mais importante pergunta da história humana. E essa pergunta é a razão deste seminário. A razão de nós fazermos uma conferência que traz à tona a nossa decência, a nossa honradez, a nossa possibilidade – não de maneira soberba – de levantarmos o nariz e dizer "cá estamos para pensar", trazer à cena as preocupações e a humildade para perceber, para aprender, para saber.

Talvez essa pergunta que está no livro sagrado dos judeus, absorvido em parte no mundo cristão e outra parte pelo mundo islâmico, na narrativa islâmica feita a Mohamed por Gabriel, o anjo, é a necessidade de não esquecermos algo que está lá no livro do Gênesis, capítulo 4, em que há um episódio marcante (porque ele expressa a própria essência de uma crença terrorista na vida) que relata o assassinato de Abel por Caim.

Filhos do pai original, Caim e Abel estão ali no lugar que houvera sido com exclusividade o paraíso. E Abel é convidado por Caim para dar uma volta e é por Caim assassinado. É quando nós temos a narrativa do primeiro, infelizmente não único, fratricídio.

No capítulo 4, versículo 9, Javé, com os muitos nomes que pode ter, faz a Caim a pergunta decisiva na história humana, aquela que impede nossa pusilanimidade, nossa covardia: "Onde está teu irmão?".

Essa pergunta ecoa desde a literatura judaica ou, no caso de quem tem a crença, há quase seis mil anos de história do mundo ou, para aqueles que têm um respeito à diversidade religiosa, numa das fontes da inteligência humana.

Essa pergunta marca a nossa capacidade de não desertificarmos o nosso futuro, não esterilizarmos os nossos sonhos, não banalizarmos a nossa vida. "Onde está teu irmão?". Nessa hora, diz o texto, Caim responde: "Não sei. Por acaso, serei eu guarda do meu irmão?".

Mario Sergio Cortella

Uma conferência é para nós construirmos lugares onde não façamos como Caim; que essa pergunta "O que eu tenho a ver com o outro?" não tenha lugar entre nós. Por isso, quando temos uma conferência como esta é porque temos de entender que nós somos também guardas do irmão e da irmã que, aqui não estando, poderiam sê-lo. E que, sendo humanos, estranhos a nós não são.

Quando anestesiamos a nossa capacidade de responder "Onde está o nosso irmão?", há uma falência da nossa esperança, há um apodrecimento da nossa honradez. Nós demoramos um pouco aqui no Brasil para entender o que acontecia em relação aos refugiados, aqueles que, humanos e humanas de qualquer idade, à Europa chegavam desesperados em busca de vida. Nós percebemos o que era quando, em setembro de 2015, vimos a foto do menino sírio morto na praia turca.

Nós não tínhamos nos dado conta do quanto há de dor, mesmo que seja má notícia, mesmo que seja notícia que não queremos ter, e aquela simbólica imagem é muito mais impactante até que outros atos de violência, embora todos tenham equivalência.

Quando acontece um atentado que mata 200 pessoas no clube, o mundo incendeia a sua recusa. Mas, todos os dias, temos 60, 40, 30 em atentados em todos os lugares. Nós vemos, mas parece longe. E aquela imagem do menino emborcado, cada um de nós olhou aquilo como pôde; eu olhei como se fosse um dos meus netos. Claro que eu poderia vê-lo como se fosse um dos meus filhos, mas era uma criança e aquela sensação na praia de abandono, na hora, sem ser demagógico no que vou dizer, pensei: "olha lá o meu irmão". Não é só meu neto, meu filho, minha filha – meu irmão. "Onde está teu irmão?"

Por isso, esta conferência tem, sim, uma tarefa: impedir que ensurdeçamos ao ouvir essa pergunta.

Uma mulher que nos inspirou, a prêmio Nobel da Paz, no século passado, foi uma religiosa católica chamada Madre Teresa de Calcutá. Nascida na Albânia, foi para o mundo da Índia, aquilo que depois foi o Paquistão e por lá ficou. Essa mulher tem uma frase, retomando algo que foi dito pelo judeu Jesus, mas que já vinha do testamento original dos hebreus, que diz: "Difícil é amar o próximo".

■ Onde está o teu irmão?

    Amar quem está longe é fácil. Ter pena de alguém que no norte da Nigéria é assassinado pelo Boko Haram, doer-se porque alguém no Sudão padece com o ebola, ficar amargurado porque pessoas são humilhadas em busca de um lugar de vida longe ou amargurar-se porque no norte do Iraque o Estado Islâmico corta cabeças, diria Madre Teresa, isso é fácil. Difícil é amar o próximo, aquele que está na tua cidade, na tua rua, na tua casa.

    Para nós, aqueles que estão em outros lugares, vítimas no dia a dia do terrorismo, têm de ser trazidos para perto, para que possam, sem ser piegas, ser por nós amadas e amados.

    Como aquele ou aquela que é nosso irmão, nossa irmã, aquele como lembrou Terêncio na peça *O homem que puniu a si mesmo*, em que ele diz "sou homem e nada do que é humano me é estranho".

    Por isso, onde está teu irmão?

CONFERÊNCIA INTERNACIONAL
SOBRE TERRORISMO

CAPÍTULO 1

MÍDIAS
Liberdade de expressão
Mídia e terminologia usada sobre religiões
O papel da mídia na paz no mundo

■ As impressões de um jornalista

As impressões de um jornalista[1]
Lourival Sant'Anna[2]

O Centro Cultural Brasil-Turquia e o movimento Hizmet são uma inspiração para nós, brasileiros, que muitas vezes estamos tão desmobilizados, desorganizados e apáticos – o que faz parte também da nossa cultura. Além dessa inspiração, vejam que existem muitos pontos de intersecção entre nossa cultura e a cultura turca. Isso porque a nossa cultura foi influenciada pela deles. E há também muita apatia na Turquia, há muitas coisas parecidas com o que há no Brasil.

Nesse sentido também, acredito que esse movimento se destaca muito por ter conseguido mobilizar os empresários e os intelectuais turcos e trazer uma imagem do islã que é muito importante hoje, mais do que nunca, de um islã moderado, racional. E eu até nem gosto muito da palavra "tolerante". Penso que quando você é tolerante com as diferenças, você ainda está lamentando-as um pouco. Penso que temos de festejar as diferenças. Uma vida em que todos fossem iguais seria incrivelmente monótona, insignificante mesmo, não é?

---

1. Este texto corresponde à fala de Lourival Sant'Anna proferida durante a Conferência.
2. Jornalista, com experiência em coberturas de guerras, conflitos, convulsões sociais, crises políticas, eleições, catástrofes naturais e outros momentos históricos em 60 países. Formado no curso de Documentário na Academia Internacional de Cinema, em 2013, é mestre em Jornalismo pela Universidade de São Paulo (2007) e graduado em Jornalismo pela Universidade Federal de Goiás (1986). Foi diretor-adjunto do Instituto Fernand Braudel de Economia Mundial e repórter especial do jornal O Estado de São Paulo (2001-2015). É colunista e autor de blog no Estadão e comentarista de assuntos internacionais da Rádio CBN.

■ As impressões de um jornalista

Eu sou um repórter, fiz reportagens em 60 países nos últimos 26 anos, e posso dizer que a diferença é uma conquista, um prazer e uma grande riqueza para nós.

Vou apresentar a questão do terrorismo do ponto de vista da mídia, da imprensa, do jornalismo. O terrorismo é um grande desafio para a cultura jornalística. Porque ele tem um aspecto técnico fácil de identificar. De fato, quando um grupo ou uma pessoa ataca sem cumprir certas regras da beligerância, quando ataca de maneira surpreendente, principalmente alvos civis, pessoas que não estão envolvidas no conflito, e o faz de forma aleatória e busca os chamados alvos brandos, como o turismo, tenta-se atacar a "espinha dorsal" da economia de um país em vez de enfrentar as suas forças militares e policias, as suas forças de segurança. Quando usam bombas que têm um impacto generalizado, não muito preciso, que buscam então causar um choque psicológico. Tudo isso caracteriza o terrorismo.

No entanto, a palavra terrorismo tem também uma carga moral muito forte. Trabalhei na BBC e lá ela é proibida. É contra a regra você assumir a palavra, chamar alguém de terrorista. Quando precisar fazer isso, você dirá que alguém o chamou de terrorista, alguém o considerou terrorista, mas o jornalista não pode assumir isso. Porque a BBC é uma organização mundial e pública. Então, ela tem uma sensibilidade muito amadurecida, muito desenvolvida com relação a todos os sentimentos, e sabe que há muitos lados na história e muitos sentimentos e muitas sensibilidades mesmo.

Aqui no Brasil, essa dificuldade é ainda maior, porque nós temos a cultura, que eu considero válida também, de chamar as coisas pelo que elas são. Na cultura do jornalismo brasileiro, rejeitamos os eufemismos, então não falamos "esposa", não usamos "faleceu", nem "foi à óbito". Falamos "mulher", dizemos "morreu". O eufemismo é uma coisa que vai contra a nossa intuição jornalística. E esse é um valor interessante da nossa cultura jornalística. É natural que cada país tenha a sua, porque o jornalismo reflete muito a cultura de um povo. E é bom que seja assim. Então, há aí um choque entre dois valores. De um lado, o desejo de respeitar as suscetibilidades e também de compreender que o mundo é muito complexo, e qualquer simplismo será injusto, não só moral, mas intelectualmente, mesmo. Então, palavras que muitas vezes reduzem muito um conceito, como é o caso frequente da palavra "terrorista", não fazem bem ao jornalismo.

Por outro lado, há esse desejo de chamar as coisas pelo seu nome. Então, há um conflito aqui com relação ao uso dessa palavra. E nós temos um problema adicional que é um problema de língua. Em inglês, por exemplo, você pode dizer: *suicide bomber*. Nós não temos como dizer isso em português. Em inglês, você pode dizer simplesmente: *attacker*. Em português, atacante é uma coisa mais do futebol. Não dá para chamar uma pessoa que cometeu um atentado de "atacante". Podemos falar "o autor do atentado"; a palavra "atentado" é aceitável.

Estou me referindo àqueles jornalistas e àquelas redações que têm essas preocupações que eu estou descrevendo, que é apenas uma parte do jornalismo. Só têm esse problema ao qual estou me referindo aqueles que buscam a isenção. Eu não falo em "objetividade" ou em "neutralidade". O jornalismo é necessariamente subjetivo, porque é feito por seres humanos, e nós somos subjetivos. E ele é necessariamente parcial, porque nós não podemos estar em todas as partes ao mesmo tempo. Não somos oniscientes, não somos onipresentes, não somos deuses.

Então, nós somos parciais, sim. Mas temos que buscar a isenção, que é a tentativa de fazer jus, tratar condignamente, ser honestos intelectualmente, fazer o maior esforço possível para alcançar todas as percepções e esticar o braço ao máximo para chegar até o mais longe possível, sabendo que nunca conseguiremos alcançar tudo. Isso posto, defino a isenção como um fim regulador da razão, ou seja, algo que você busca sabendo que não vai alcançar, mas continua buscando como se pudesse alcançar. Se você desistir, você se torna um cínico. E se acreditar que alcançou, você se torna ingênuo.

O jornalismo é esse ambiente escorregadio, subjetivo e difícil, não é uma ciência exata. E sempre vai ser muito polêmico, muito controverso. O bom repórter é aquele que consegue descontentar todo mundo. Não espere como repórter "tapinhas nas costas". Se isso acontecer, você tem de rever o que você fez. O jornalista incomoda, mesmo quando é isento.

Não estou aqui defendendo uma outra coisa, que é o sensacionalismo, a agressão, a intolerância e o dogmatismo, que também têm grassado aqui no Brasil. Estamos vivendo um certo retrocesso no jornalismo brasileiro, por causa do problema do modelo de negócios. Como estamos com dificuldade de nos sustentarmos financeiramente, por causa das mudanças tecnológicas e de hábitos de consumo da informação, estão ressurgindo práticas de jornalismo que na verdade subvertem o jornalismo e não são jornalismo, embora tenham essa casca, essa aparência. São pessoas ou grupos que se sustentam financeiramente, ou porque têm uma outra profissão, ou porque têm uma outra agenda, ou porque são financiados por um governo, ou por um partido, ou por um grupo de interesse. E aí têm lá seus sites na internet e seus blogs etc., nos quais não seguem as regras do jornalismo e ainda abusam do direito da subjetividade e do impressionismo.

Imagine uma situação: um estrangeiro chega ao Brasil e pede um expresso. Aí, o expresso vem com leite. Se ele tiver um blog, escreverá no blog dele assim: "No Brasil, quando você pede um expresso, ele vem com leite". A partir de uma única experiência que ele teve. Se ele for um repórter, e ainda trabalhar para um veículo que segue as regras do jornalismo, ele vai perguntar para o garçom: "Por que é que veio com leite?" E vai esclarecer que foi um mal-entendido. O garçom pensou que era com leite ou mandou para a mesa errada, enganou-se. Mas ele irá mais longe ainda, vai entrevistar a associação dos bares, lanchonetes, cafés, a indústria do café, até apurar realmente, e fará uma reportagem sobre os hábitos de consumir café no Brasil. Essa é a diferença entre um blog impressionista e o jornalismo.

E por que o jornalismo precisa dessas regras? Porque nós, humanos, somos narcísicos, temos essa tendência natural a acharmos que o que nós sentimos é universal, é o melhor e deve ser propagado para todos. Nos achamos muito interessantes, mas há um mundo lá fora e as regras do jornalismo, no caso, nos colocam freios. Tais freios são necessários a todos nós – e eu sinto isso dentro de mim mesmo. As regras e os limites me enquadram e evitam que eu cometa abusos.

O jornalismo dentro do modelo de negócios anterior tinha muitos limites, embora não fosse perfeito. Tinha os sindicatos, os colegas, os editores, as leis, as fontes, os leitores, os manuais de redação. Havia os *checks and balances*, muitas formas de colocar limites no jornalismo. E tudo isso está se perdendo agora, por causa dessa confusão do modelo de negócios.

Com relação ao terrorismo, ele parece algo distante de nós, aqui do Brasil, mas penso que podemos fazer um paralelo. Eu tenho dito, em conferências internacionais, que o terrorismo tem uma outra expressão na América Latina, que é a violência urbana. Quando um assaltante, aqui, aponta um revólver para uma pessoa exigindo o celular, a pessoa entrega e mesmo assim ele mata a pessoa, isso quer dizer que o terrorismo chegou. Embora sejam situações tecnicamente distintas, há ali uma explosão irracional de agressividade incontrolável. Ali acabou o diálogo, acabou a possibilidade de solução.

É isso que o terrorismo expressa. E achei interessante o que o Prof. Mario Sergio Cortella falou, que é mais fácil amar o distante do que o próximo. Acho que devemos olhar para nós mesmos aqui no Brasil, aqui em São Paulo, e nos perguntarmos se somos tão tolerantes assim. Se temos tanta capacidade assim de pensar sobre o sofrimento do outro. E como é que reagimos quando as humilhações, as frustrações, as injustiças represadas ao longo de anos se expressam em jovens criminosos hoje no Brasil. Como é a nossa reação?

E é muito fácil manipular esses sentimentos, esse é o problema. É por isso que o terrorismo é tão bem-sucedido. Não só o terrorismo de grupos assimétricos, os fracos, mas o terrorismo de Estado, que também existe: os grupos radicais, tanto aqueles ultraconservadores quanto os ultrarrevolucionários, que, aliás, são dois extremos que se encontram. Eles têm muito mais facilidade de adquirir popularidade do que um grupo de uma linha política mais racional, mais comedida. Porque é muito mais fácil, na lógica do grupo, você manipular sentimentos extremos: você parece mais verdadeiro, mais franco, mais imediato e parece oferecer soluções mais rápidas e mais certeiras. Veja o Donald Trump hoje. O que os eleitores do Donald Trump dizem? Que ele fala a verdade. "Ele é meio doidão, ele fala algumas coisas meio politicamente incorretas, mas ele fala a verdade, ele não me engana". E o terrorismo, tanto o de Estado quanto o dos grupos que não estão no poder, tem essa qualidade, esse atributo.

De maneira que a melhor forma de reagir a isso é ser tolerante, é aceitar o outro e tentar entender o outro. Isso desarma completamente o terrorista. Eu falo na qualidade de quem fez isso muitas vezes. Arrisquei minha vida muitas vezes para fazer isso, entrevistei os talibãs depois do 11 de setembro, fiz um livro sobre isso, entrevistei a Al-Qaeda, Hezbollah, Hamas, Farc, sempre tive essa obsessão de chegar ao vilão. Essa curiosidade obsessiva de ouvir o outro que está sendo incompreendido e de compreendê-lo – isso é algo intelectualmente fascinante para mim. E quando você faz isso, ele não te mata, tanto que eu estou aqui. Quando você chega até ele, olha nos olhos dele e fala: "Eu quero entender você", isso desarma completamente o outro. É claro, eu tive sorte também, é óbvio. Mas vale a pena tentar fazer isso. Uma reação intolerante, impaciente, agressiva à intolerância, à impaciência e à agressividade do outro apenas retroalimenta isso, apenas dá força a ele.

No seu *Pequeno Tratado das Grandes Virtudes*, o filósofo André Comte-Sponville define a doçura como "a coragem sem violência". É preciso ter muita coragem para ser doce, é preciso muita coragem para entender o outro e não desistir disso. Acho que o jornalismo não deveria desistir.

■ Terrorismo como uma conveniente ferramenta para os regimes opressores

Bildkorrekturen

Sevgi Akarçeşme ■

Terrorismo como uma conveniente ferramenta para os regimes opressores[1]
Sevgi Akarçeşme[2]

Poucos dias atrás, estava me preparando para entregar o meu discurso para este evento, quando o governo brutalmente assumiu o controle do meu jornal, Today's Zaman, no dia 4 de março. A acusação contra nós é de que fazemos "propaganda terrorista" e auxiliamos organizações terroristas. O que prova minha tese do discurso abaixo, anteriormente preparado: qualquer ditadura usa alegações de terrorismo como ferramenta para silenciar as críticas. O silêncio da mídia turca em cobrir a operação policial contra o meu jornal também serve como uma evidência para apoiar meus pontos neste mesmo discurso.

Eu peço desculpas a todos por não poder estar presente nesta conferência.

---

1. Este texto foi escrito e enviado pela jornalista Sevgi Akarçeşme para ser lido durante a Conferência. Ela foi impossibilitada de embarcar para o Brasil depois que o jornal em que trabalhava, o Today's Zaman, foi ocupado pelo governo da Turquia.
2. Bacharel em Ciência Política e Administração Pública pela Universidade de Bilkent, em 2001. Tem mestrado em Relações Internacionais, pela Universidade de Istambul Bilgi, e em Ciência Política, pela Universidade de Temple, onde participou do programa de doutoramento com bolsa de estudos e trabalhou como assistente de ensino. Seguindo seus estudos de pós-graduação na Filadélfia, ela se juntou ao Projeto Turquia no CSIS, em Washington DC. Foi jornalista e colunista do jornal Today's Zaman.

■ Terrorismo como uma conveniente ferramenta para os regimes opressores

É difícil definir terrorismo: o que é chamado de resistência por uns pode ser definido como terrorismo por outros. Regimes opressores, em particular, usam a carta do terror como uma ferramenta conveniente. Esse é o caso da atual Turquia, a qual – se você acredita na mídia pró-governo – é repleta de "terroristas" e "traidores". Quem quer que seja crítico ao governo é imediatamente tachado de terrorista e submetido a uma campanha de difamação ou coisa pior.

Nos últimos dois anos, o pacífico movimento Hizmet, o qual é conhecido por suas atividades sociais e educacionais de base global, tem sido alvo de perseguições. Milhares de pessoas supostamente associadas com o movimento são submetidas a alguma forma de pressão. Uma extensa caça às bruxas está atualmente em curso contra elas. Infelizmente, uma parte significativa da mídia – controlada pelo governo – está contribuindo para essa campanha vergonhosa.

Além da campanha de difamação contra o movimento Hizmet, todos os críticos – os mais agressivos, os moderados ou até mesmo os mais comedidos – estão sujeitos à difamação sob o pretexto de acusações de terrorismo. Por exemplo, o maior conglomerado de mídia na Turquia, o Grupo Doğan de Mídia, e seu proprietário, o senhor Aydın Doğan, são frequentemente acusados por círculos pró-governamentais de apoiar o terrorismo. De fato, as investigações foram lançadas contra esse grupo de mídia por supostamente difundir propaganda terrorista.

Nos últimos meses, até mesmo o mais popular apresentador de TV do país, Beyazit Ozturk – o Jay Leno da Turquia – foi acusado de difundir propaganda terrorista apenas por causa da participação de um dos espectadores em seu show. O espectador era uma jovem professora que se queixava da indiferença da mídia em relação aos confrontos e o sofrimento das pessoas no sudeste/leste da Turquia. Tudo o que ela disse foi: "O que está sendo mostrado na televisão é muito diferente do que estamos experimentando. Não permaneçam em silêncio. Por favor, tenham algum tipo de sensibilidade como seres humanos. Vejam-nos, ouçam-nos e, por favor, ajudem-nos. O que está acontecendo é vergonhoso. Não deixem que as pessoas morram, não deixem que crianças morram e não deixem que as mães chorem. As pessoas estão lutando contra a fome e a sede, em especial as crianças. Por favor, mostrem alguma compaixão e não permaneçam em silêncio". Por esse pedido de ajuda, a jovem tornou-se alvo de investigação. Infelizmente, por causa do medo, o apresentador de TV sentiu-se obrigado a pedir desculpas e disse que nem sequer ouviu o que a espectadora havia dito na transmissão ao vivo. Apesar disso, ele também se tornou objeto de uma investigação por supostamente divulgar propaganda terrorista.

Dois jornalistas, Hasan Cemal e Tuğçe Tatari, que apenas escreveram livros sobre os membros de uma organização terrorista, não só tiveram seus livros retirados das prateleiras por um tribunal, como também tornaram-se alvos de uma investigação por suspeita de envolvimento em atividades terroristas.

Há claros sinais de regressão na Turquia, no equilíbrio entre segurança e liberdades pessoais, na medida em que o governo e os meios de comunicação controlados pelo regime jogam com o fator medo.

Mídia e terminologia nas religiões

Infelizmente, quando se trata de linguagem, a mídia não oferece condições de concorrência equitativas para todas as religiões. Raramente ouve-se a frase "terrorista cristão", mas as palavras "islâmico" e "terror" tornaram-se uma parte inseparável do vocabulário diário.

Para citar um jovem líder civil americano, muçulmano, chamado Ahmed Rehab: "Estatística e informalmente falando – apesar do que a CNN e os políticos querem fazer você crer –, se você fosse vítima de ato aleatório de violência dirigida a inocentes nos EUA, seria nas mãos de um, 'todo americano', atirador ativo, como Jason Dalton, e não um atirador muçulmano, 'combatente do inimigo'".

Apesar da cobertura intensiva da mídia ao "terror islâmico", em 2015, Rehab ressalta que "371 de tais ataques ocorreram em 365 dias, matando 469 americanos e ferindo 1.387; dois foram cometidos por muçulmanos; o resto, por americanos de outras origens".

Nas palavras do proeminente acadêmico e ex-secretário assistente de Defesa, Joseph Nye: "Em dezembro de 2015, as pesquisas mostraram que um em cada seis americanos, cerca de 16% da população, agora identifica o terrorismo

■ Terrorismo como uma conveniente ferramenta para os regimes opressores

como o problema nacional mais importante e [...] Terrorismo é um problema para os Estados Unidos [...] mas extrapolou a proporção, tanto pelos candidatos presidenciais quanto por uma mídia" que busca as manchetes que vendem.

"O terrorismo não é a maior ameaça que as pessoas enfrentam nos países desenvolvidos. O terrorismo mata muito menos pessoas do que acidentes de automóvel ou cigarros. Especialistas estimam que o risco anual de um americano ser morto por um terrorista é um em 3,5 milhões". E acrescenta: "o terrorismo radical islâmico mata menos americanos do que os ataques em locais de trabalho ou em escolas por atiradores insatisfeitos/descontentes. O terrorismo não é a III Guerra Mundial".

O papel da mídia na paz mundial

Desnecessário dizer que a mídia desempenha um papel enorme na formação da narrativa. "Os jihadistas extremistas de hoje são um fenômeno político venerável envolto em vestes religiosas", diz Nye. O perito francês sobre o islã Olivier Roy define esta nova onda de terrorismo não como radicalização do islã, mas o radicalismo envolto em uma capa religiosa.

No entanto, não podemos simplesmente negar o problema do extremismo no mundo muçulmano. Radicalismo é uma questão que o mundo islâmico tem de resolver consigo mesmo. Como o estudioso turco muçulmano Fethullah Gülen escreveu em um artigo para o Le Monde, os muçulmanos devem combater o câncer extremista.

No entanto, como o quarto estado, a mídia tem um enorme impacto sobre as percepções. Como diz Nye:

> É por isso que a atenção à narrativa e como os EUA agem sobre a mídia social são tão importantes quanto ataques aéreos de precisão. A retórica antagônica que aliena os muçulmanos e enfraquece a sua vontade de fornecer inteligência fundamental coloca todos nós em perigo.

Consequentemente, os telespectadores e os leitores devem exortar a mídia para que desempenhe um papel mais construtivo e realista.

Em suma, o terrorismo é uma ameaça real, mas os governos opressivos, em particular, usam-na como uma ferramenta conveniente para reprimir os opositores. Os meios de comunicação devem ter uma atitude mais responsável, ficando ao lado das liberdades e, ao mesmo tempo, não aumentando as ameaças a fim de atrair uma audiência com histórias sensacionalistas.

■ O islamismo na mídia brasileira: entre humor, exotismo e terrorismo

Samira Adel Osman ■

O islamismo na mídia brasileira: entre humor, exotismo e terrorismo[1]
Samira Adel Osman[2]

No ano em que os atentados de 11 de setembro de 2001 ao World Trade Center, em Nova York, completam quinze anos, uma conferência internacional que propõe discutir a questão *Religiões, Intelectuais e Mídias: posições diante do terrorismo* não só é atual como também pertinente e necessária. Nestes últimos quinze anos, vivemos o exacerbamento de questões genericamente chamadas de terrorismo, cujos principais atores têm sido associados à religião islâmica e aos seus praticantes, os muçulmanos, com claras repercussões para essa comunidade em diferentes lugares do mundo.

Ainda que seja um tema de necessária discussão, os debates acadêmicos têm sido pouco profícuos, quer seja porque o tema ainda carece de interesse nesse campo, quer seja porque ainda faltam especialistas dedicados a estes estudos. Como campo de estudo recente nas universidades brasileiras, o debate sobre islamismo, mídia e terrorismo começou a despontar com maior ênfase a partir dos anos 2000,

---

1. Este texto corresponde à fala de Samira Adel Osman proferida durante a Conferência.
2. Professora Adjunta de História da Ásia, do curso de História, e do Programa de Pós-Graduação em História, ambos da UNIFESP. Possui bacharelado e licenciatura em História pela Universidade de São Paulo (1990), mestrado e doutorado em História Social também pela USP (1998 e 2007, respectivamente). Atua principalmente nos seguintes temas: Imigração Árabe; Imigração e Retorno; História Oral de Famílias; Islamismo; História do Oriente Médio, do Mundo Árabe e do Islamismo. É autora do livro *Imigração árabe no Brasil: histórias de vida de libaneses muçulmanos e cristãos*.

sendo tema de dissertações e teses em diferentes áreas de conhecimento, sobretudo na comunicação e nas relações internacionais e em uma pequena e tímida contribuição do conhecimento histórico.

Numa perspectiva de análise histórica, cujo objetivo é compreender como as mídias no Brasil têm abordado as questões relacionadas ao binômio terrorismo-islamismo, pretende-se neste artigo tratar dos seguintes temas:

1. Como as mídias no Brasil têm divulgado fatos relacionados ao Oriente Médio e ao mundo muçulmano?

2. Qual visão de islamismo tem sido construída pelas mídias?

3. Como elas ajudam o espectador/leitor a formar uma imagem sobre esta parte do mundo?

4. Como estas imagens são apropriadas, descontextualizadas e ressignificadas?

A questão da construção de uma imagem dos muçulmanos e do mundo islâmico é primordial nesta análise. Para o historiador francês Marc Ferro (1994, p. 7), "a imagem que nós temos dos outros povos ou de nós mesmos é associada à história que nos foi contada quando éramos crianças". Se as histórias que nos são contadas quando crianças servem para a construção sobre a imagem do outro, deve-se considerar sobremaneira como as mídias ajudam a formar a imagem de um determinado lugar, povo, região, cultura, considerando seu alcance, repercussão, veiculação, repetição, formação de opinião, entre outros aspectos.

Em minha pesquisa de doutorado efetivada no Líbano, entre 2003 e 2004, realizei entrevistas com mulheres brasileiras que se mudaram para lá com seus maridos que são de origem libanesa. Quando questionadas sobre qual era a imagem que tinham do país antes da mudança, as respostas foram:

> Eu tinha uma ideia péssima do Líbano, tinha a impressão que o pessoal vivia aqui no meio das bombas explodindo a toda hora... Eu lia e ouvia as notícias no jornal e não entendia nada do que acontecia nessa terra,

> a gente nunca entende que lugar que é ou que não é, quando você não está vivendo nesse lugar... Parece tudo igual, uma confusão só! – Enizete Aparecida de Souza
>
> ... tinha uma ideia totalmente diferente do Líbano... Achava que era um lugar que se falava enrolado, que se comia com a mão, que se vivia em tendas, porque essa era a imagem que eu via na televisão, nos filmes, nas novelas... – Vanda Luiz
>
> Minha mãe tinha na cabeça uma imagem dos árabes que vinha do drama dos filmes americanos, sabe aquela coisa? – Márcia Fermino (Osman, 2006, p. 172)

Essa imagem é corroborada por outra entrevistada, esta de ascendência libanesa:

> No Brasil as pessoas têm uma imagem que aqui [no Líbano] é guerra o tempo todo e não é isso... Eu acho que isso é culpa da televisão que só mostra o lado negativo, as catástrofes, as coisas ruins que acontecem na Palestina, no Irã, no Iraque – Fátima Zeitoun (Osman, 2006, p. 173)

Há vários aspectos em comum nesses relatos: associação da região do Oriente Médio (Líbano, Palestina, Irã, Iraque) a imagens negativas (bombas, explosão, guerra, catástrofe) e exóticas (fala enrolada, come-se com as mãos, vive-se em tendas); o senso comum sobre esta imagem expressa na pergunta "sabe aquela coisa?"; e no papel das mídias (jornal, televisão, filmes, novelas) na veiculação de uma imagem que "parece tudo igual, uma confusão só!".

Levando em conta certa visão sobre o Oriente Médio veiculada pelos meios de comunicação de massas, evidenciada nesses trechos, interessou-me verificar como esta relação é construída, como as imagens são elaboradas e como elas ajudam a formar um repertório sobre um lugar, muitas vezes presente apenas nos meios de comunicação como terra distante, exótica, confusa. Para este artigo, analisei diferentes materiais coletados nestes meios de comunicação, como artigos de jornais, revistas e sites, noticiário televisivo, novelas, programas jornalísticos e humorísticos, filmes e séries.

Sigo aqui a premissa de Ella Shohat e Robert Stam (2006) no uso e análise dos meios de comunicação. Para os autores:

> ... partimos de uma ótica intertextual, olhando para os meios de comunicação como parte de uma rede discursiva mais ampla que vai do erudito (poemas, romances, histórias, artes dramáticas, teorias da cultura) ao popular (comerciais de televisão, música pop, jornalismo, parques temáticos, publicidade turística). Embora intelectuais progressistas muitas vezes desprezem os produtos da cultura popular, é precisamente na esfera popular que o eurocentrismo tem sua base principal, fundada na vida cotidiana.

Inicialmente, é importante esclarecer que utilizo o termo mídia no sentido mais amplo, considerando os diferentes meios de expressão (jornal, revista, noticiário, filmes, novelas, seriados humorísticos) e as diferentes formas de veiculação dessas ideias (rádio, TV, cinema, imprensa escrita, meios digitais) pelo alcance que têm e pelos diferentes públicos que pode atingir.

Ainda, deve-se levar em consideração as seguintes ressalvas: o noticiário nacional veiculado pela mídia impressa ou televisiva informa-se e veicula os acontecimentos por meio de dados coletados em agência de notícias internacionais, Reuters, Super Press, AFP e AP, e seus correspondentes brasileiros raramente estão alocados no Oriente Médio, com exceção de Israel – sendo prioritariamente a base para notícias para países da Europa ou para os EUA. Os filmes e séries selecionados são produção internacional, mas com exibição nacional na TV aberta; já as novelas, programas jornalísticos (informação e entretenimento) e humorísticos são produções estritamente nacionais. Apesar desta diversidade, há uma narrativa comum sobre a abordagem do islã e seus adeptos, como se verificará ao longo desta análise.

Para este artigo, fiz uso de diferentes programas e notícias veiculadas pela maior rede de televisão brasileira, com alcance nacional por meio de suas afiliadas, e no ar desde 1969; de matérias veiculadas no jornal Folha de S. Paulo, que circula com este nome desde 1921, e da Revista Veja, fundada em 1968, ambos veículos sediados em São Paulo, mas com uma grande repercussão em boa parte do território nacional, além de sites como UOL, integrante destes mesmos jornal e revista. O material dessas mídias pode ser acessado por meio digital, embora tenha utilizado versões impressas das notícias analisadas.

Samira Adel Osman ■

Destaco que duas importantes obras norteiam este trabalho. A primeira é *Covering Islam: how the media and the experts determine how we see the rest of the world*[3], do crítico literário palestino Edward Said, publicada em 1997, cuja discussão centra-se sobre as representações dos árabes e dos muçulmanos pela imprensa internacional, sobretudo a estadunidense. Partindo das premissas e dos debates estabelecidos anteriormente em *Orientalismo: o Oriente como invenção do Ocidente* – publicado originalmente em 1978 e com edição brasileira de 1990, no qual o autor trata a questão a partir de um viés histórico e baseado na crítica literária sobre a visão essencialista e imutável do islamismo feita pelo mundo ocidental, com a intenção de construir uma dicotomia baseada na oposição bem e mal, modernidade e atraso, civilização e barbárie –, Said centra suas discussões sobre o papel da mídia na perpetuação desse imaginário em relação ao islamismo.

Os orientalistas do passado foram substituídos pela imprensa do presente, mas o discurso continuou imutável assim como a forma de ver o islamismo e seus adeptos. Passou-se do orientalismo acadêmico para o orientalismo jornalístico, com sérias repercussões para as relações estabelecidas entre o Ocidente e o mundo islâmico. Concentrado na análise da cobertura na mídia estadunidense, Said parte da repercussão da Revolução Iraniana de 1979 nesses meios de comunicação e como ela também reverberou em outros países ocidentais, considerando seu papel fundamental na criação, difusão e consolidação de uma certa visão sobre o islamismo e os muçulmanos em vários lugares do mundo.

Da mesma forma, em *Contra el Islam: la visión deformada del mundo árabe en Occidente*, da comunicóloga espanhola Laura Navarro, publicada em 2008, cuja discussão baseia-se nas representações dos árabes e muçulmanos de origem imigrante na mídia espanhola, tendo como premissa o próprio trabalho de Said, Navarro parte da análise das produções cinematográficas, televisivas, jornalísticas tangenciadas pelos temas de racismo, estereótipo, colonização e imigração para retratar a "visão deformada do mundo árabe no Ocidente".

---

3. A edição brasileira do livro realizada pela Ediouro, em 2007, com o título *Cobrindo o islã: como a mídia e os especialistas determinam nossa visão de mundo* encontra-se esgotada.

Respectivamente, esses autores trabalharam com dois marcos divisores sobre a visão do islamismo na mídia: a Revolução Iraniana de 1979 e os atentados de 11 de setembro de 2001, que também guiaram minha análise no presente artigo.

Visões sobre o Islamismo nos noticiários brasileiros numa perspectiva histórica.

Em um levantamento na grande mídia brasileira, entre as décadas de 1970 e os anos 2000, sobre as principais manchetes e matérias veiculadas por esses meios, é possível verificar, em relação ao Oriente Médio, um divisor temporal marcado pelo ano de 1979. Anteriormente àquele período, a região era tratada de forma genérica, como local afetado por diferentes conflitos locais ou decorrentes de problemas externos que também repercutiam na região. Em comum, uma abordagem que privilegiava o Oriente Médio como um local único, um bloco monolítico, cujas características concentravam-se em duas vertentes: a instabilidade política, decorrente dos conflitos regionais, e as questões econômicas e suas vinculações mundiais, decorrentes da riqueza do petróleo presente na região.

Temporalmente, é possível identificar os temas mais abordados por essas mídias. Na década de 1960, as abordagens concentravam-se no conflito árabe-israelense, enquanto que na década de 1970 acrescentou-se ao episódio o envolvimento da Jordânia no chamado Setembro Negro; a Guerra Civil do Líbano, iniciada em 1975, e a Revolução Iraniana, deflagrada em 1979. Na década de 1980, o conflito árabe-israelense continuou em pauta, juntamente com o assassinato do presidente egípcio Anwar Al Sadat, os conflitos entre Estados Unidos e Líbia, na figura de Muamar Kadafi, a continuidade e o início dos conflitos, respectivamente no Líbano e entre Irã e Iraque. Na década de 1990, o termo árabe-israelense cede espaço para conflitos entre Israel e Palestina, ao mesmo tempo que o do Irã e Iraque é substituído pelo do Iraque contra o Kuwait.

Observam-se aqui duas posições sobre a visão do Oriente Médio no noticiário brasileiro: temas pontuais na abordagem dos conflitos em determinados locais ou temas latentes como região de eternos e insolúveis conflitos. Há, de certa forma, uma naturalização da cobertura jornalística: "lugar que é uma confusão só", fazendo do lugar uma região de eternos conflitos.

De outra forma, a questão do terrorismo neste momento aparece sem grande ênfase e sem vinculação a uma determinada identidade, muito menos associada à religião islâmica. Ainda que o termo apareça mais ocasionalmente, a preferência é pelo uso de extremismo associado aos palestinos ou de tirania associada às figuras de Muamar Kadafi, na Líbia, e Saddam Hussein, no Iraque. No entanto, foi a Revolução Iraniana de 1979 que, segundo Edward Said, levou à associação entre islamismo e fundamentalismo pela imprensa internacional. Para o autor, a entrada em cena do Irã e seu vocabulário religioso associado ao movimento revolucionário fez com que ocorresse a substituição pela mídia da ameaça vermelha (comunista) pela ameaça verde (islâmica), uma vez que se mantinha a permanência da lógica da Guerra Fria e do mundo bipartido, mas desta vez o inimigo passou a ser o islamismo.

É interessante observar três capas veiculadas pela Revista Veja em referência à Revolução Iraniana. Na edição 541, de 17 de janeiro de 1979, pouco após a deflagração do conflito, a capa estampava o título *O Irã sem o Xá*, com destaque para figuras masculinas e o retrato do monarca destacado no canto superior esquerdo. Na edição 546, de 21 de fevereiro de 1979, sob o título *Revolução no Irã*, há uma inversão: o destaque da capa é a figura do aiatolá Khomeini que retornara ao país, enquanto, na lateral direita, a imagem de homens carregando armas se destaca. A saída de um e a chegada de outro marcam a passagem de uma capa para a outra, mas não há nada nelas que detonem juízo de valor sobre os fatos em curso.

No entanto, a edição 584, de 14 de novembro de 1979, traz o título *Treva no Irã* e o subtítulo *Khomeini e o sequestro dos americanos*, destacando a figura do aiatolá em primeiro plano e ao fundo a imagem de guerrilheiros e mulheres de xador, que passou a caracterizá-las sob o regime islâmico no Irã. A partir daí, verifica-se uma mudança de interpretação e o termo treva já denota um caráter tendencioso e de juízo de valor negativo acerca do fenômeno revolucionário.

Edição 541, 17/1/1979

Edição 546, 21/2/1979

Edição 589, 14/11/1979

Segundo Antônio Flávio Pierucci, para explicar a Revolução Iraniana de 1979, a mídia fez uso de termos que "detonavam conteúdos histórico-culturais muito distantes de nós, específicos demais do universo islâmico, este grande 'outro cultural': khomeinismo, xiismo, xiismo imamita, sunismo, shariatismo, salafismo e por aí afora..." (Pierucci, 2000, p. 178). Além da grande confusão de termos, muitas vezes contraditórios ou excludentes, que não só eram distantes do repertório cultural ocidental, como também não serviam para explicar a peculiaridade desta revolução em curso.

Por isso, ainda para o autor, a fim de explicar a situação:

> o jeito foi recorrer às pressas ao baú de ismos das igrejas ocidentais. Donde: fundamentalismo, integrismo, teocracia, clericalismo, intransigentismo, neofundamentalismo... Ou então... contentavam-se alguns em recorrer ao repertório vocabular menos preciso porém mais flexível da língua política usual, acrescentando-se-lhe os devidos adjetivos: ativismo político-religioso, populismo clerical, radicalismo islâmico, extremismo xiita, populismo clerical, tradicionalismo muçulmano. Não raro, apelativos carga pesada pretendiam isolar e saber dizer a coisa: fanatismo e obscurantismo; passadismo e arcadismo; mais um avatar do recorrente despotismo oriental. (Pierucci, 2000, p. 174)

A mesma Revista Veja, na edição 1638, de 11 de março de 2000, absolve o Irã e o islã com o título de sua reportagem de capa: *Islã: a derrota do fanatismo*, acompanhado do lide da matéria: "o mundo respira aliviado com sinais de enfraquecimento na linha dura muçulmana". Os termos "derrota" e "enfraquecimento" associados a "fanatismo" e "linha dura muçulmana" induzem o leitor a identificar o perigo controlado ("o mundo respira aliviado") ao mesmo tempo que transmite uma imagem do islã que, se não é positiva, ao menos diminuiu a carga de seu negativismo. A fotografia de capa, com mulheres de costas cobertas pelo xador negro, contrasta com a criança de rosto descoberto, trajes coloridos, como que fitasse o observador que a observa. A legenda "Mulheres e criança no Irã, onde os reformistas venceram as eleições para o Parlamento" é a única pista de que o país onde o fanatismo foi derrotado era o Irã.

Edição 1638, 11/3/2000

No entanto, como jornalismo não é premonitório, os atentados de 11 de setembro de 2001 abalaram a certeza e a posição opinativa da revista. Na capa da edição 1721, de 10 de outubro de 2001, o título "Fundamentalismo. Fé cega e mortal" volta-se à associação negativa entre a religião e os "ismos" citados por Pierucci. Os subtítulos são ainda mais esclarecedores sobre a postura da revista: "O cerco aos homens das cavernas no Afeganistão", com a mudança do lugar pois o inimigo agora é outro e ainda com uma referência ao seu primitivismo na expressão "homens das cavernas", ainda que seja também uma alusão às características geográficas do lugar que serve de esconderijo; "Osama Bin Laden tem células em mais de 40 países", portanto o perigo é latente e está por todos os lugares; "Os fundamentalistas querem dominar o mundo em nome de Alá", na clara associação entre fundamentalismo e islamismo referenciado indiretamente com o uso da palavra árabe Alá. E, finalmente, como não poderia deixar de ser, a questão das mulheres, não sob o xador, mas sob a burca, e sua condição de inferioridade em países islâmicos, com o subtítulo "A rotina de submissão e tortura da mulher em certos países islâmicos" sendo a imagem da capa a seguir que identifica todo o conteúdo.

Para Pierucci (2000, p. 196):

> Não há escapatória, portanto; para denominar os radicalismos islâmicos, os ocidentais só dispõem de termos pejorativos e ofensivos. Ao invés de tradicionalistas e integristas, dizer que são fundamentalistas implica de certo modo aludir a seu fanatismo e obscurantismo. Implica apontar

para a sua rejeição à ciência, à história, ao esclarecimento. Seu repúdio à modernidade, enfim.

Edição 1721, 10/10/2001

Os ventos moderados de um ano antes mudavam de direção e a interpretação da revista também. Se a Revolução Iraniana de 1979 marcou a associação entre islamismo e radicalismo, o ano de 2001 e os acontecimentos de 11 de Setembro trouxeram definitivamente para a cobertura do islã pela mídia brasileira a associação com os termos radicalismo, fundamentalismo, fanatismo e, sobretudo, terrorismo.

Islamismo e terrorismo além dos noticiários

A imprensa tem por ofício divulgar fatos, acontecimentos e informações com o compromisso de buscar a verdade, de forma imparcial e objetiva, ainda que possamos relativizar se imparcialidade seja sinônimo de neutralidade. No entanto, as mídias também têm se dedicado não apenas a informar mas também a entreter, divertir, divulgar, entre outros aspectos. Por isso, é importante analisar como outros programas, sobretudo televisivos, e mesmo a imprensa que não está diretamente ligada ao noticiário informativo têm associado a visão do islamismo ao terrorismo.

Considerando o alcance nacional na TV aberta, em especial da Rede Globo de Televisão, com todas suas afiliadas pelo país, é importante verificar a exibição de filmes hollywoodianos e séries televisivas estadunidenses, cujo enfoque esteja associado ao islamismo e ao terrorismo. Destaco alguns títulos de filmes, pela exaustiva exibição e em diversos horários e dias da semana bem como por sua clara associação e visão do mundo islâmico como inimigo do Ocidente.

Em um bloco, há os que se situam após a Revolução Iraniana e antes do 11 de Setembro. De um lado, temos os antagonistas ou o lado do mal, identificados como árabes, líbios, libaneses, palestinos, e de outro os seus rivais, que também podem ser vistos como protagonistas, vítimas ou o lado do bem, associados aos Estados Unidos e a Israel. Destacam-se nesta vertente os títulos *Wrong is Right* (1982), *Back to the Future* (1985), *The Delta Force* (1986), *True Lies* (1994), entre outros.

Nota-se que nas décadas de 1970 e 1980 as principais tramas relacionadas ao terrorismo são associadas ao IRA (grupo irlandês), à China e à Rússia comunista, embora os árabes também aparecessem associados ao extremismo, mas sem uma associação direta com a religião islâmica ou com atentados terroristas. No período pós 11 de Setembro, o muçulmano passa a ser o terrorista da vez e a vinculação entre terrorismo e islamismo serão evidenciados com maior frequência. Títulos como *United 93* (2006), *Body of Lies* (2008), *Traitor* (2008) são algumas formas de evidenciar essa relação. Mais exemplar ainda é o fato de que o principal vilão do Homem de Ferro da Marvel Comics, o Mandarim, cujo nome sugere que fosse chinês, foi transformado em árabe no terceiro filme da série, lançado em 2013. Se antes Mandarim era a personificação de todos os estereótipos orientais e a onipresente ameaça vermelha dos anos 1960, em sua nova representação passou a encarnar o mal e a ameaça verde e islâmica, parafraseando as palavras de Said (1997).

Já as séries televisivas, populares nos Estados Unidos, alcançaram grande público no Brasil com a expansão da TV paga. A partir daí, e mesmo com um pouco de atraso, a TV aberta também passou a exibi-las em sua programação. Destaco duas delas, associadas ao tema do terrorismo: *24 Horas* (no original, 24) e *Homeland* (acrescido de Segurança Nacional, na versão brasileira).

24 Horas começou a ser exibida em 2001 no contexto dos atentados de 11 de Setembro e se estendeu por quase uma década ao longo de oito temporadas, um filme e uma minissérie. A premissa básica é a missão do protagonista Jack Bauer de evitar ameaças terroristas, configuradas nas ameaças de assassinato do candidato à presidência dos Estados Unidos e de sua família, ameaça de bombas nucleares, ataques virais ou gases neurotóxicos, envolvendo a Ásia, indistintamente, a China, a Rússia e, claro, o Oriente Médio. Na temporada quatro, Habib Marwan é árabe; na temporada oito, Omar Hassan é presidente de uma república islâmica aliada dos Estados Unidos, ameaçados por terroristas árabes e russos. Já na minissérie que marcou a última temporada, exibida em 2014 e intitulada *Live Another Day*, a antagonista Margot Al-Harazi quer destruir a Europa por vingança pela morte do seu marido, sendo esta a visão mais recente de Hollywood a respeito dos terroristas árabes muçulmanos, antes mesmo dos atentados de Paris de 2015.

Homeland, que estreou em 2011, depois dos dez anos do 11 de Setembro, estendeu-se por quatro temporadas. O mote central é a ação da agente especial da CIA, Carrie Mathison, especialista em missões no Oriente Médio que se vê diante do terrorismo em solo nacional personificado na figura do ex-fuzileiro naval capturado no Afeganistão, convertido ao islamismo e transformado em terrorista. No discurso de patriotismo *versus* terrorismo, a redenção do possível terrorista leva-o a arriscar sua vida pela pátria. A série se desenvolve nos Estados Unidos, mas o Afeganistão, a Arábia Saudita, o Líbano e o Irã são palcos para a trama terrorista, sendo que na quarta temporada o Paquistão torna-se o epicentro do terrorismo mundial.

Quanto à produção nacional, a novela *Amor à vida*, exibida em 2013, no horário nobre das 21 horas na TV Globo, causou polêmica ao explorar em um núcleo secundário o namoro entre dois médicos "de religiões diferentes, historicamente envolvidas em conflitos": ele de origem palestina, ela de origem judaica. O que chama a atenção é, inicialmente, considerar que os conflitos na região estão relacionados com as diferenças religiosas, mas ao identificar cada um dos pares, vemos que ele é palestino (identidade nacional) e ela é judia (identidade religiosa). A grande questão ocorreu no capítulo exibido em 20 de dezembro de 2013, no diálogo que segue abaixo:

> Pérsio: Rebeca, eu lutei na guerra, na Palestina [...] Eu pertencia a uma célula terrorista. Eu queria ser um homem bomba. Achava que era um

sacrifício justo pela causa do meu povo. Só não fui porque eu sou filho único, a minha mãe me procurou, insistiu demais pra eu desistir. Mas eu ajudei a organizar um atentado. Um amigo meu, um amigo próximo, foi o homem bomba. Ele entrou num ônibus em Jerusalém e explodiu, matando muita gente. Mulheres, crianças... crianças como o seu irmãozinho, Rebeca.

Rebeca: Você foi um terrorista, Pérsio? Eu não podia imaginar. Quando você veio fazer residência no hospital, dizia que queria se aprimorar, e voltar pra guerra, pra ajudar o seu povo como médico.

Pérsio: Eu me senti culpado, quando vi o seu irmão, quando falei com a sua família. Eu percebi que a guerra, o terrorismo, atinge pessoas indefesas, crianças. Vendo aquele menino sorrindo, eu percebi que um dia eu quis atacar crianças como ele. Como eu posso dizer que aquele menino é meu inimigo?

Rebeca: Você foi realmente um terrorista, pensou mesmo em ser homem-bomba?

O palestino se identifica como participante da guerra da Palestina, sem a informação de qual conflito e de quando ocorreu; pertencente a uma célula terrorista, também não identificada; que queria ser uma bomba, entendido como sacrifício justo; ajudou a organizar um atentado no qual morreram mulheres e crianças, do qual se arrepende. Culpa, arrependimento, redenção e mudança de posição ocorrem porque há uma identificação do ex-terrorista com a inocência da criança, vítima como todas as outras que ocupam uma posição no conflito, a dos judeus. Por outro lado, para a médica, a percepção resume-se à repetição do termo terrorista e homem-bomba. Não só a posição é unilateral, como revela um conservadorismo da emissora na forma como avalia o conflito palestino.

Vale também verificar como o islamismo é associado com a violência e responsabilização por todo e qualquer tipo de ataque. Destaco dois acontecimentos veiculados pela internet, ocorridos no ano de 2011, referentes aos ataques na Escola do Realengo, no Rio de Janeiro, e na Noruega, e como o islamismo foi apontado como culpado antes mesmo que se entendesse do que se tratava.

Destaco aqui a cobertura do site UOL, ligado ao jornal Folha de S. Paulo, que na manhã no dia 7 de abril de 2011 noticiava: "Homem invade escola, atira contra alunos e mata 11 no Rio de Janeiro". O site veicula duas informações associando o assassino ao islamismo e, para dar credibilidade às informações, cita suas fontes: entrevistas concedidas à Rádio Band News e ao Globo News, o que também revela como a notícia se espalha como rastro de pólvora – pela rádio, pela TV paga e pelo próprio site.

A primeira informação é relatada pela irmã adotiva do rapaz que afirma que ele "estava 'muito ligado' ao Islamismo", a segunda, do coronel responsável pelo caso, afirmava que uma carta deixada pelo atirador apresentava conteúdo "fundamentalista islâmico". No entanto, na íntegra da carta veiculada posteriormente não há nada que indicasse este qualificativo, pelo contrário, como nota-se neste excerto: "Preciso de visita de um fiel seguidor de Deus... que ele ore diante de minha sepultura pedindo o perdão de Deus pelo o que eu fiz rogando **para que na sua vinda Jesus me desperte do sono da morte para a vida eterna**" (grifo meu). Na parte da tarde, o site havia retirado as informações que associavam o fato ao suposto fundamentalismo islâmico.

Se um site supostamente comprometido com a veiculação de informações faz uso de fontes para corroborar aquilo que noticia, o que dizer de como essas informações podem ser repetidas, reproduzidas, desvirtuadas também com o aval do discurso de autoridade? Exemplifico aqui com informações extraídas de um blog, espaço onde qualquer um pode afirmar o que quiser:

- o título: "Brasil sofre primeiro ataque terrorista de inspiração islâmica"

- o lide: "Assassino que cometeu chacina no Rio era conhecido como 'Bin Laden' e queria jogar avião contra Cristo Redentor no Rio"

- a pergunta: "O que foi que matou doze crianças numa escola do Rio? Foi uma arma? Foi a violência? Foi o preconceito?"

- a fonte: "o jornal Zero Hora"

- o fato: "o autor da chacina tinha preferência pelo islamismo e era fascinado pelo ataque terrorista islâmico contra os EUA em 11 de setembro de 2001"

- o desejo: "Jogar um avião no Cristo Redentor".

Em relação aos ataques da Noruega, embora tivesse havido maior cautela na divulgação, e o mesmo site tivesse se preocupado em reproduzir informações de agências de notícias internacionais (Reuters), houve indiretamente associação com ataques de procedência islâmica. O título já sugere: *Bomba atinge Noruega: relembre outros ataques à Europa* e, nesta lista de ataques, figuram Madri, Londres, Barcelona, além de se recordar que a Noruega tinha sido "alvo de ameaças antes mesmo de seu envolvimento em conflitos no Afeganistão e na Líbia". Ainda que os atentados tivessem sido realizados por um simpatizante da extrema-direita europeia, a veiculação ao islamismo fora feita previamente.

O que evidencia é uma naturalização essencialista do islamismo, dos povos árabes ou do Oriente Médio como local de violência, da forma como já analisado por Edward Said em *Orientalismo: o Oriente como invenção do Ocidente* (1990). Outras abordagens confirmam esta visão: uma refere-se a um programa vespertino jornalístico sensacionalista, Brasil Urgente, na TV Bandeirantes, outra ao episódio de uma novela exibida na Rede Globo. O primeiro é uma referência às Manifestações de Junho de 2013, ocorridas em diversas cidades do Brasil, que começaram como atos de protestos e terminaram em atos de violência e destruição. Para o apresentador, tais atitudes não se justificavam porque "O povo brasileiro é pacífico, não é violento, não faz baderna. Se fosse no Iraque, na Síria, na Turquia...".

Já na novela *A Regra do Jogo*, em episódio exibido em 5 de março de 2016, o antagonista afirma: "Eu queria mudar este país, mas não dá pra mudar o Brasil se pra isso a gente tem que contar com brasileiro! Eu devia ter recrutado um exército na Sérvia! Na Bósnia! Na Síria!". Como valoração negativa ou positiva, a intenção é a mesma: reforçar a violência endêmica, natural, comum naquela parte do mundo.

Da mesma forma, essa visão da violência desses povos como uma dubiedade positiva-negativa é apresentada no caso do roubo das joias do Banco Itaú, ocorrido em setembro de 2011. Para uma das vítimas, no caso do Brasil, o problema é a impunidade e a falta de severidade na punição, como se o sistema penitenciário brasileiro se assemelhasse a uma colônia de férias. Ela afirma anonimamente: "Tenho um cunhado que viajou para a Arábia. Estava num restaurante e esqueceu a máquina fotográfica. Voltou crente que não ia recuperá-la. Mas estava lá. **Porque na Arábia corta-se dedo, corta-se mão. Precisamos de penas mais severas**" (grifo meu).

Muitas vezes estas associações e apropriações são descontextualizadas de tal forma que perdem inclusive o sentido e a referência intertextual. Faço uma comparação com duas notícias sobre a torcida organizada do Clube Esportivo Palmeiras, denominada "Resistência Islâmica". No primeiro caso, a notícia veiculada pelo site G1 da Rede Globo aborda a apreensão de camisetas com a inscrição "Hamas, Islamic Resistence", em referência ao grupo radical islâmico que defende e luta pela criação de um estado palestino. Para a delegada, não há qualquer ligação da torcida com o grupo. "A ligação é mais alusiva, do tipo morrer por uma causa. No caso, morrer pelo time ou pela torcida", explicou. Se não para o site, para a delegada está clara a apropriação do termo para destacar a paixão pelo time; note-se que o site define o Hamas como "grupo radical islâmico".

Ainda que haja uma posição valorativa do site, ao menos houve a intenção do esclarecimento, diferentemente do que se vê na reportagem a seguir, do jornal Folha de S.Paulo. Mesmo sendo uma matéria sobre esporte, ela chama a atenção pelo título, pela matéria e pela foto. Não há nenhuma alusão, explicação ou interpretação sobre a inscrição da bandeira: "Palmeiras: Islamic Resistence", nem mesmo sobre as inscrições na língua árabe ou as espadas cruzadas. A notícia não explica e nem ao menos contextualiza a imagem.

Veteranos venciam campeonato enquanto torcedores protestavam

DE SÃO PAULO

Cerca de 600 torcedores deixaram suas residências na manhã deste sábado (16) por causa do Palmeiras.

Na zona oeste, cerca de 300 torcedores ligados às duas maiores organizadas palmeirenses protestaram em frente ao centro de treinamento. Entre xingamentos e reclamações gerais, os torcedores exigiam as saídas do presidente Paulo Nobre, do diretor-executivo José Carlos Brunoro e do supervisor de futebol Omar Feitosa.

Por volta das 10h, os torcedores saíram da rua Turiassu e caminharam pelo viaduto Pompeia até a avenida Marquês de São Vicente.

O trajeto foi acompanhado pela Polícia Militar. Apesar da interferência no trânsito da região, a Companhia de Engenharia de Tráfego (CET) não esteve no local.

O protesto acabou por volta das 11h, com a torcida cantando o hino do clube.

Já na zona leste, outros 300 torcedores acompanharam um torneio de veteranos no estádio da Rua Javari em alusão ao centenário do clube, a ser comemorado no dia 26.

Com um gol de pênalti do ex-atacante Evair, ídolo nos anos 1990, o Palmeiras, que jogou sob o nome de Palestra Itália, superou Juventus, Paulistano e Pinheiros, que jogou como Germânia, seu nome até 1942, para levar o troféu Oberdan Cattani – ex-goleiro palmeirense morto em junho.

Os times usaram uniformes semelhantes aos de 1942, quando o Palestra Itália mudou o nome para Palmeiras.

Integrantes de torcidas organizadas palmeirenses protestam contra a diretoria em frente ao CT do clube, neste sábado

Folha de S.Paulo, 17/8/2014.

Mais um aspecto desta apropriação descontextualizada deve ser analisado. Neste caso, a figura é Bin Laden, não uma referência ao saudita responsável pelos ataques do 11 de Setembro, mas ao "MC" brasileiro "do bem": "... Bin Laden, de 21 anos, nascido numa favela na Vila Progresso, apelidado com o nome do terrorista saudita e cujas fãs são chamadas de iraquianas". Nesta reportagem da Revista São Paulo, encarte dominical do jornal Folha de S.Paulo, veiculada em maio de 2015, a referência, além do nome artístico, se dá pela adjetivação "terrorista saudita" e pela denominação de suas fãs como "iraquianas".

Quase um ano depois de aparecer internamente numa reportagem, "Bin Laden do Bem" ocuparia a capa e a reportagem especial da mesma revista de variedades, em fevereiro de 2016. Desta reportagem destaco:

> Quando a audiência de "Tá Tranquilo, Tá Favorável" disparava como um míssil na internet, Jefferson Cristian dos Santos de Lima tornou-se protagonista de um casamento improvável: conhecido como MC Bin Laden, sobrenome do sinistro Osama, ele conquistou a simpatia da americaníssima Nike.

A poderosa marca de tênis e roupas esportivas não se assustou com as possíveis ilações em torno do apelido...

O (nome) artístico surgiu "para fazer um teatro", ele conta. Escolheu Bin Laden por dois motivos. "Porque minha música era mais explosiva" e por ter ficado intrigado com o saudita por trás dos ataques às torres de Nova York.

(...)

Foi na laje do estúdio em Sacomã (zona sul) que Bin Laden improvisou com os amigos – incluindo seus dois dançarinos, batizados "Os Iraquianos"– um vídeo... (Revista São Paulo, p. 20 e 26)

Pontuo os termos "míssil na internet" para aludir ao sucesso; "sinistro Osama" para identificar a escolha do nome; e o "casamento improvável de Bin Laden com a americaníssima Nike", mesmo com as associações indevidas. A explicação da escolha do nome faz referência ao "explosivo da música" e o "explosivo saudita". Mais uma vez os iraquianos são referenciados, agora como dançarinos. Ainda que possa perceber certo ar de humor na matéria, também se pode perceber que os trocadilhos, as referências a Osama Bin Laden não deixam de conter a posição da reportagem, que é de reafirmar a valoração negativa expressa nos termos escolhidos (bomba, míssil, explosão, explosivo, iraquianos, entre outros).

Revista São Paulo (2015)

Islamismo: humor e exotismo

Outras formas usadas pela mídia para abordar o islamismo até podem ser consideradas menos carregadas de valoração negativa, mas tanto humor quanto exotismo também podem ser vistos como uma forma relativizada de ver e compreender o outro.

A estreia da novela *O Clone*, da Rede Globo, no ano de 2001, logo após os atentados do 11 de Setembro, e reprisada dez anos depois, trouxe para o imaginário brasileiro uma visão do islamismo associada ao luxo, às cores, ao exagero das vestimentas, à valorização do ouro e de joias, à dança do ventre e todas suas variações, bem como questões como o uso do véu, a poligamia e determinadas práticas religiosas. Ainda que a novela seja ficcional e não tenha um compromisso de retratar a realidade, a imagem construída sobre o outro que é muçulmano foi a que associou a ideia do diferente e do exótico.

Exotismo tem sido a outra forma de abordagem escolhida pela emissora para tratar do mundo islâmico. No programa *Globo Repórter*, exibido às sextas-feiras, na faixa das 23 horas, cujo enfoque está voltado à informação e ao entretenimento, com abordagem de temas diversos (comportamento, aventura, ciência, natureza), a partir dos anos 2000 voltou suas lentes para territórios além dos limites do país.

Especificamente em relação ao mundo islâmico, o tema começou a ser abordado com os atentados de 11 de setembro de 2001, definidos pelo programa como terrorista, e, em 2003, com a Guerra do Iraque, cujo "povo (estava) condenado à violência". O programa *Terra Santa* (2012) trata de Israel e dos lugares sagrados para as três religiões monoteístas ocidentais, mas o que poderia ser uma visão a partir da convivência religiosa se traduziu também no contraste das "fronteiras vigiadas pela Autoridade Nacional Palestina, que administra a Faixa de Gaza e outras quinze províncias espalhadas pela Cisjordânia".

A partir das primeiras edições nos anos 2000, o mundo asiático e seus distantes e indecifráveis mistérios foram retratados pelo programa, com destaque para Japão e Nepal (2008), China (2010) e Butão (2011). Nos lugares e nas abordagens sobre o mundo muçulmano, priorizaram-se o distante e o exótico como os temas: *Brunei Darussalam: a morada da paz* (2010); *Omã: o oásis da paz* (2012); *Dubai: miragem no deserto* (2012); e o recente *O reino encantado do Marrocos* (2016).

Nesses quatro programas destaca-se a mesma forma de retratar esses lugares, próximos na mesma visão, abordagem, tópicos, personagens e adjetivações. Três lugares distantes no longínquo continente asiático, cujas economias, riquezas e ostentação foram possíveis pelos recursos naturais que "jorram", como o petróleo e o gás natural, que permitem o luxo, o exagero, o gosto duvidoso ("é exagerado, mas gosto não se discute", Brunei), o resplendor do ouro ("tudo que reluz é ouro mesmo", Brunei), a imponência ("tudo aqui é no superlativo", Dubai), e eternizam uma imagem de "riqueza para todos" (Brunei), de "dinheiro sobrando" (Dubai), "de desenvolvimento econômico acelerado" (Omã), de "muito ouro" ou de serem povos "loucos por ouro" (Dubai).

O cenário é tanto a cidade, "uma miragem do deserto" (Dubai), como o oásis percorrido por camelos, dromedários, cabras e ovelhas, e habitado por beduínos ou homens de negócios, por famílias simples e, claro, a invariável presença das mulheres cobertas por véus ou vestidas com *abayas* pretas ou nas mais diferentes profusões de cores e brilhos. Todos eles partem de um povo feliz, alegre, generoso e, ainda no caso de Dubai, um país moderno, ou de Omã, um país aberto, "tolerante, o mais tolerante do mundo árabe", sem que se explique o que é ser tolerante e moderno (ou não) no mundo árabe.

Da mesma forma, a persistência de uma tradição antiga, senão arcaica, concretiza-se nas leis religiosas, no apedrejamento de adúlteros (prevista em lei, mas não aplicada), nos rituais de casamento, na manutenção dos costumes e da tradição que colocam as mulheres em condição inferior (expressas na questão do véu e da vestimenta e no seu lugar na sociedade) e na questão da poligamia.

Ainda assim, o contraste está também presente nas adjetivações que definem esses lugares. São apenas aqueles que carregam conotação positiva: magia, encanto, prosperidade, suntuosidade, grandiosidade, isolamento, inesperado, fascínio, beleza, tranquilidade, paz, sonho e que, diferentemente dos vizinhos de fronteiras, de tradição ou de história, não há "um cotidiano marcado por guerras ou conflitos de rua" (Omã).

Finalmente, o humor é mais uma faceta para a compreensão da imagem da mídia brasileira sobre o mundo muçulmano. Destaco o programa *Casseta & Planeta, Urgente!* que na temporada exibida entre 2008 e 2010 tinha em seus quadros "O Cafofo do Osama" e "O Cafofo do Obama". No primeiro, o "fundamentalista islâmico" escondia-se e vivia encostado, no melhor jeitinho brasileiro, em uma favela carioca com a negra Jurema, enquanto as tropas americanas o caçavam no Afeganistão. No segundo, Jurema é prima do ilustre "Barato Obama", que faz um "puxadinho" na Casa Branca para acomodar o inusitado casal. A morte de Osama extinguiu o quadro; para os comediantes "Bin Laden pagou com a vida por desobedecer as ordens da mulher".

Em outro programa, *Tá no ar: a TV na TV*, o quadro "Terrorizard" tratava de uma paródia com uma escola de línguas do país. A cena retrata uma pessoa sendo torturada por fanáticos muçulmanos "falando árabe", exigindo que confessasse algo e como não entendia, acaba sendo morto. O lema da escola de tortura é "Terrorizard: para a língua não ser uma barreira", e seu logo, uma bomba.

Humor, sátira, deboche ou mesmo o exotismo devem ser entendidos como formas sutis de ver o outro; no entanto não são por isso menos carregado de preconceito, intolerância e graus de xenofobia, devendo ser dimensionados seus alcances e repercussões. Como afirma Said (1990), o discurso estático e latente sobre o Oriente criou no imaginário ocidental o sujeito oriental como excêntrico, sensual, exótico, como também a imagem de um ser corrupto, preguiçoso e inferior, reafirmadas nas imagens e representações da mídia brasileira recheadas de exotismo e humor.

Islamismo no Discurso da Civilização e Barbárie: a permanência de uma visão

Após o período subsequente ao 11 de Setembro, aos atentados de Madrid (março de 2004) e Londres (2005) e a morte de Osama Bin Laden (maio de 2011), o mundo parecia respirar aliviado com o arrefecimento das ações da Al-Qaeda e da possibilidade de novos ataques. A *Primavera Árabe*, iniciada em 2011, que também parecia soprar ventos de mudanças do norte da África ao Oriente Médio, com promessa de maior liberdade frente aos regimes autoritários em vigência, também ajudava a construir um cenário mundial mais favorável do ponto de vista do combate ao terror.

No entanto, o ano de 2015 começou com a notícia dos ataques à revista satírica *Charlie Hebdo* e suas repercussões mundiais no debate sobre a questão da liberdade de expressão[4]. Este debate havia se iniciado anteriormente, em 2005, com a polêmica das charges do profeta Muhammad publicadas pelo jornal dinamarquês Jyllands-Posten e sua repetida reprodução em outros meios de comunicação.

O debate em torno das questões de liberdade de expressão na imprensa, preservação dos valores iluministas, a luz contra as trevas, o terrorismo e a barbárie que percorreu a mídia ocidental, teve ecos na mídia brasileira, como foi o caso da Folha de S.Paulo que, além de divulgar, analisar e se posicionar em relação aos atentados, assumiu claramente sua posição, "Je Suis Charlie", em cinco editorias publicados entre janeiro e maio de 2015, defendendo, sem problematizar, a aclamada "liberdade de expressão".

A aproximação do final do ano de 2015 culminou com mais um atentado à França em ataques simultâneos na capital francesa. A sexta-feira de 13 de novembro de 2015 chegou a ser chamada de novo "11 de Setembro" e a expressão *"Pray for Paris"* também correu o mundo. Todavia, poucos dias antes haviam ocorrido ataques a Beirute e Istambul sem que repercussões maiores, de pesar, indignação ou condenação tivessem merecido ênfase na mídia nacional.

Destaco aqui duas abordagens da Revista Veja e do Jornal da Globo, da Rede Globo, transmitido à meia-noite. Em comum, ambas coberturas associam os atentados de Paris aos discursos de civilização e barbárie e do choque de civilizações em curso entre o Oriente e o Ocidente. No Jornal da Globo, em sua

---

4. Importante relembrar aqui que o próprio Charlie Hebdo surgiu da censura e do cerceamento da liberdade de expressão, neste caso aplicado pelo governo francês ao jornal Hara-Kiri, o satírico que precedeu a revista. A censura e o posterior fechamento do jornal ocorreram porque se satirizou a cobertura da mídia francesa referente a dois acontecimentos ocorridos em novembro de 1969: a morte do herói nacional Charles de Gaulle em Colombey-les-Deux, Églises, fez com que a morte de 140 pessoas em Saint-Laurent-du-Pont ficasse em descaso. A capa trazia o título: "Baile trágico em Colombey: um morto".

edição de 13 de novembro de 2015, o apresentador e editor do noticiário William Waack afirmava a respeito dos atentados a Paris: "Vamos chamar as coisas pelo nome: a França e suas vítimas são o lado claro da civilização, o lado dos nossos valores; os terroristas, o da barbárie".

A teoria do choque de civilizações, elaborada pelo cientista político norte-americano Samuel Huntington encontra eco nas palavras do âncora deste noticiário. Para Huntington:

> A ideia que proponho é que a fonte fundamental de conflitos neste novo mundo não será de natureza principalmente ideológica, nem econômica. As grandes divisões entre a humanidade e a fonte predominante de conflito serão culturais. Os Estados-nação continuarão a ser os atores mais poderosos nos assuntos mundiais, mas os principais conflitos da política global vão se dar entre países e grupos que fazem parte de civilizações distintas. O choque de civilizações vai dominar a política mundial. As linhas divisórias entre as civilizações formarão as frentes de batalha do futuro. (Huntington, 1997, p. 21)

A capa da Revista Veja, em reportagem especial de 25 de novembro de 2015, edição 2453, corrobora também esta visão ao trazer no título a afirmação dualista "A Civilização contra o Terror", acompanhado do lide da matéria: "O grande desafio das democracias agora é esmagar o Estado Islâmico sem perder as virtudes ocidentais de tolerância, pluralismo e liberdade". Em suas páginas internas continua:

> O terror ronda a civilização, enfronhado na crescente população islâmica do Ocidente. Seus perpetradores são uma minoria, mas do tipo que se sente ainda mais forte quanto mais inocentes e indefesas forem suas vítimas. No luto, os franceses mostram como sacar da liberdade para confrontar a barbárie, mas também é preciso pegar em armas menos simbólicas e abdicar de explicações vazias para crimes injustificáveis. (Veja, p. 71)

Edição 2453, 22/11/2015

Chamo a atenção aqui para os termos democracia, virtude, civilização, tolerância, pluralismo, liberdade atribuídos ao Ocidente, e os termos terror, terroristas e barbárie atribuídos ao outro lado, o islamismo, conceitos que de ambos os lados se expressam em conceitos estanques, universais e fechados. Não há novidade aí. A novidade talvez esteja no fato de que essa revista, que defende os valores ocidentais, afirme que é preciso "esmagar o Estado Islâmico" ou "pegar em armas" para combater "o terror que ronda a civilização" e que está "enfronhado na crescente população islâmica do Ocidente", traduzindo uma realidade baseada na dicotomia do bem em oposição ao mal.

Vale relembrar aqui o debate que Said estabelece com Huntington em seu artigo *O Choque de Ignorâncias*. Publicado originalmente no *El País*, em outubro de 2001, o texto foi traduzido e publicado na Folha de S.Paulo em seguida. Segundo sua análise, para explicar os acontecimentos do 11 de Setembro, mídias, políticos, especialistas, ideólogos usaram exaustivamente o termo "choque de civilizações", colocando, de um lado, o Ocidente e, de outro, o islã como um inimigo global, em todas as dimensões que isto poderia significar (político, ideológico, religioso, cultural). O 11 de Setembro, analisado em tom profético e apocalíptico, era a confirmação da teoria de Huntington e do abismo intransponível estabelecido entre o Ocidente e o islã.

Said, rebatendo as ideias de Samuel Huntington e do orientalista Bernard Lewis, fez uma análise muito apropriada e que se aplica tanto para a Veja quanto para o Jornal da Globo e seus discursos da civilização contra a barbárie. Diz ele:

Com certeza nem Huntington nem Lewis têm tempo a perder com a dinâmica e a pluralidade internas de cada civilização, nem com o fato de que a disputa principal, na maioria das culturas modernas, diz respeito à definição ou interpretação de cada cultura, e com a possibilidade pouco atraente de que, quando alguém se atreve a falar em nome de uma religião ou civilização inteira, seu discurso fatalmente conterá demagogia e ignorância, pura e simples. Não, para eles, Ocidente é Ocidente, islã é islã. O desafio que os políticos ocidentais têm pela frente, diz Huntington, consiste em garantir que o Ocidente se fortaleça cada vez mais e afaste todos os outros, em especial o islã. (Said, 2001)

Quando a Revista Veja aponta que o "terror está enfronhado na crescente população islâmica do Ocidente", evidencia-se a face mais cruel desta luta contra o terror: a repercussão que tem para os imigrantes muçulmanos na Europa e nos Estados Unidos, transformados em inimigos e suspeitos "pelo simples fato de ter uma identidade cultural sobre a qual pairam sombras de desconfiança" (Said, 2001). Transformados em inimigos ou acobertadores destes, os imigrantes estarão sujeitos a repercussões negativas que recairão sobre si assim como episódios de preconceito e de xenofobia.

Como alerta Said no mesmo artigo:

Ainda outra razão [...] é a presença inquietante de muçulmanos em toda a Europa e nos Estados Unidos. Pense nas populações atuais da França, Itália, Alemanha, Espanha, Reino Unido, EUA e até mesmo Suécia e você será obrigado a admitir que o islã já não se encontra apenas na periferia do Ocidente, mas em seu centro. Mas o que há de tão ameaçador nessa presença? (Said, 2001)

Em tempo, para finalizar este artigo destaco brevemente a cobertura da Folha de S. Paulo no dia seguinte aos atentados de Bruxelas ocorridos em 22 de março de 2016. Esses atentados não ocorreram na melhor hora do noticiário brasileiro, pois envolvidos com a cobertura da crise política no país, os terroristas foram eclipsados pelos protagonismos envolvendo políticos, corrupção, escândalos eleitorais e pelo próprio posicionamento do jornal para definir os rumos do país. O jornal não apenas quer formar opinião, mas dar a sua opinião como única possível, tanto no caso da cobertura da crise política como nos atentados. Dessa forma, como pode ser observada na capa da edição do dia 24 de março de 2016, a manchete é sobre a questão política interna ("Odebrecht sofre devassa da PF; empresa decide fazer delação"). Ainda que a foto colocada acima da manchete seja sobre o atentado, o título da matéria *Ação terrorista em aeroporto e metrô da Bélgica mata 30 pessoas* foi colocado no canto esquerdo superior do jornal.

Considerações finais

Jacques Wainberg, em sua obra *Mídia e Terror*, aponta que "no período de 1984 a 1987 e de 1993 a 1994, a Europa e a América Latina foram os redutos da maior atividade terrorista do mundo" (2005, p. 57), e entre os países responsáveis pelos ataques estavam Afeganistão, Argélia (GIA islâmico), Chile, Colômbia (FARC e ELN), Peru (Sendero Luminoso e Tupac Amaru), Filipinas, Espanha (ETA), Síria, Turquia (PKK e DHKP-C), sendo este último o país que foi mais atingido pelo terror no período entre 1988 e 1998. Ainda que após o 11 de Setembro o autor relacione terrorismo a fundamentalismo islâmico, este levantamento de dados serve para corroborar o pressuposto de que as mídias sedimentaram uma imagem monolítica e indissociável entre islamismo e terrorismo.

A guisa de finalização, pontuo dois aspectos que permearam esta análise, cujo objetivo foi retratar o papel da mídia brasileira na abordagem do islamismo e dos muçulmanos e na criação de um imaginário estereotipado sobre os muçulmanos com uma clara associação ao terror e ao terrorismo.

O primeiro é o que se refere ao papel que as mídias têm tanto na veiculação de informação e formação de opinião, como também na criação de imaginários, estereótipos ou representações sobre diferentes aspectos da sociedade e cultura de diferentes povos. Mais importante ainda é como estas imagens ajudam o leitor/espectador a se posicionar diante dessas representações, seja de forma negativa seja de forma positiva.

O segundo é o que se refere à forma como o islamismo é abordado. Numa perspectiva de análise baseada nos cânones saidianos, o islamismo é visto como algo eterno e eternizado, essencialista, fixo e imutável, baseado numa única imagem: ou são fanáticos, terroristas, irracionais e perigosos, ou são exóticos, excêntricos, sensuais, estranhos, diferentes. Ao colocá-los em um ou outro lugar, a mídia brasileira, assim como grande parte da mídia ocidental, fixa a imagem de um islamismo deformado ou relaciona a figura do árabe e do muçulmano como sinônimo de fundamentalismo e terrorismo. Isto é resultado de um longo processo de construção ideológica, no qual o mundo árabe e o muçulmano se apresentam como um espelho deformante de nós mesmos: eles são a irracionalidade e nós os racionais; eles são submissos e nós livres; eles são fundamentalistas e fanáticos e nós tolerantes; eles são atrasados e nós modernos.

Neste mal iniciado século 21 valerá a pena rever nossos conceitos e nossas certezas.

Referências

FERRO, M. *Falsificações da História*. Lisboa: Europa-América, 1994.

HUNTINGTON, S. *O choque de civilizações e a nova ordem mundial*. Rio de Janeiro: Objetiva, 1997.

NAVARRO, L. *Contra el islam*: la visión deformada del mundo árabe en Occidente. España: 2008.

OSMAN, S. A. *Entre o Líbano e o Brasil*: dinâmica migratória e história oral de vida. São Paulo, 2006. Tese (Doutorado) – FFLCH-USP.

PIERUCCI, A. F. *Ciladas da Diferença*. 2ª ed. São Paulo: Editora 34, 2000.

SAID, E. *Orientalismo*: o Oriente como invenção do Ocidente. São Paulo: Cia. das Letras, 1990.

_____. *Covering Islam*: how the media and the experts determine how we see the rest the world. London: 1997.

_____. "O choque de ignorâncias". *Folha de S.Paulo*, 17 out. 2001.

SHOHAT, E; STAM, R. *Crítica da imagem eurocêntrica*: multiculturalismo e representação. São Paulo: Cosac Naify, 2006.

WAINBERG, J. A. *Mídia e Terror*. Comunicação e violência política. São Paulo: Paulus, 2005.

Fontes

"Amor à vida: Pérsio revela que foi terrorista e cogitou ser homem bomba". Disponível em: <http://extra.globo.com/tv-e-lazer/telinha/amor-vida-persio-revela-que-foi-terrorista-cogitou-ser-homem-bomba-10926733.html>. Acesso em: 25 out. 2016.
"Bomba atinge Noruega; relembre outros ataques à Europa". Da Reuters. 22/7/2011-13h33. Disponível em: <http://www1.folha.uol.com.br/mundo/2011/07/948055-bomba-atinge-noruega-relembre-outros-ataques-a-europa.shtml>. Acesso em: 2 mar. 2017.
"Brasil sofre primeiro ataque terrorista". Disponível em: <http://juliosevero.blogspot.com.br/2011/04/brasil-sofre-primeiro-ataque-terrorista.html>. Acesso em: 24 out. 2017.
"Brincadeira de Criança", Revista São Paulo, encarte da *Folha de S.Paulo*, 3 a 9 maio 2015, p. 34-35.
"Brunei Darussalam: a morada da paz". *Globo Repórter*. TV Globo, edição de 9 abr. 2010.
"Dubai: miragem do deserto". *Globo Repórter*. TV Globo, edição de 25 maio 2012.
"Escondendo o ouro". *Folha de S.Paulo*, Ilustrada, 25 set. 2011.
Homeland: segurança nacional. Temporadas 1 a 4.
"Homem invade escola, atira contra alunos e mata 11 no Rio de Janeiro". Do UOL Notícias. Em São Paulo, 7/4/2011, 9h05. Atualizado em: 07/04/2011-13h57. Disponível em: <https://noticias.uol.com.br/cotidiano/ultimas-noticias/2011/04/07/homem-invade-escola-publica-e-dispara-contra-alunos-no-rio-de-janeiro.htm>. Acesso em: 7 abr. 2016.
"Irmã de atirador diz que ele era ligado ao islamismo e não saía muito de casa; ele deixou carta suicida". Do UOL Notícias. Em São Paulo. 7/4/2011-10h53. Disponível em: <http://noticias.uol.com.br/cotidiano/ultimas-noticias/2011/04/07/irma-de-atirador-diz-que-ele-era-ligado-ao-islamismo-e-nao-saia-muito-de-casa-ele-deixou-carta-suicida.htm>. Acesso em: 7 abr. 2016.
"Jornal da Globo". Rede Globo, edição de 13/11/2015.
Revista Veja. São Paulo: Abril, edição 541 de 17/1/1979. Disponível em: <https://acervo.veja.abril.com.br>. Acesso em: 7 nov. 2017.
_____. São Paulo: Abril, edição 546 de 21/2/1979. Disponível em: <https://acervo.veja.abril.com.br>. Acesso em: 7 nov. 2017.

_____. São Paulo: Abril, edição 589 de 17/1/1979. Disponível em: <https://acervo.veja.abril.com.br>. Acesso em: 7 nov. 2017.
_____. São Paulo: Abril, edição 1638 de 11/3/2000. Disponível em: <https://acervo.veja.abril.com.br>. Acesso em: 7 nov. 2017.
_____. São Paulo: Abril, edição 1721 de 10/10/2001. Disponível em: <https://acervo.veja.abril.com.br>. Acesso em: 7 nov. 2017.
_____. São Paulo: Abril, edição 2453 de 22/11/2015. Disponível em: <https://acervo.veja.abril.com.br>. Acesso em: 7 nov. 2017.
"Manifestações pelas capitais brasileiras". *Brasil Urgente*, TV Bandeirantes, edição de 18 jun. 2013.
"O reino encantado do Marrocos". *Globo Repórter*. TV Globo, edição de 8 abr. 2016.
"Omã: o oásis da paz". *Globo Repórter*. TV Globo, edição de 13 de abril de 2012.
"Operação em torcida do Palmeiras tinha intenção de 'dar susto', diz promotor". 1/7/2008 - 18h35 - Atualizado em 1/7/2008 - 21h52. Disponível em: <http://g1.globo.com/Noticias/SaoPaulo/0,,MUL632249-5605,00.html>. Acesso em: 2 fev. 2016.
Tá no ar: a TV na TV. TV Globo, 2ª temporada, 2015.
"Tá tranquilo, tá favorável". Revista São Paulo (encarte da *Folha de S.Paulo*) de 14 fev. 2016, p. 20-28.
"Terra Santa". *Globo Repórter*. TV Globo, edição de 21 dez. 2012.
"Veteranos venciam campeonato enquanto torcedores protestavam". *Folha de S. Paulo*, Esporte, 17 ago. 2011.
24 Horas. Temporadas 1 a 8.
Novela *A Regra do Jogo*. TV Globo. Episódio de 5 mar. 2016.

CONFERÊNCIA INTERNACIONAL
SOBRE TERRORISMO

CAPÍTULO 2

INTELECTUAIS
Liberdade de expressão
Exemplo do Brasil na convivência harmoniosa
Importância da educação e do diálogo para impedir o terrorismo
O papel dos formadores de opinião na paz no mundo

Por que ser jihadista? A mancha cega dos intelectuais públicos perante o terrorismo islamita

Peter Demant

Por que ser jihadista? A mancha cega dos intelectuais públicos perante o terrorismo islamita[1]

Peter Demant[2]

> Quase nenhum ditador assassino em massa do século 20 existiu sem seus torcedores intelectuais, não apenas em seu próprio país, mas também em democracias afora, onde as pessoas eram livres para dizer o que queriam[3].

Esta sentença condenatória, com a qual o economista norte-americano liberal Thomas Sowell abre seu *Intellectuals and Society* (2009), se aplica também às atitudes dos líderes de opinião ocidentais para com o terrorismo, jihadista em particular? E se sim, por quê? Há alternativas melhores? Este é o enfoque desta reflexão crítica sobre as reações de intelectuais no Ocidente à escalada de terrorismo jihadista nos últimos anos.

---

1. Este texto corresponde à fala de Peter Demant proferida durante a Conferência.
2. Historiador e professor de Relações Internacionais, especializado em questões do Oriente Médio, o mundo muçulmano e as relações islã-Ocidente. Mestrado (1981) e doutorado (1988) em História Moderna e Contemporânea pela Universiteit van Amsterdam, Holanda; Livre-Docência em História Contemporânea pela Universidade de São Paulo (2007). Atualmente é professor associado no Departamento de História da USP, lecionando também no Instituto de Relações Internacionais (IRI-USP) e pesquisando principalmente nos temas: Oriente Médio, islã e islamismo, conflito Israel-Palestina e a hegemonia do Ocidente e sua contestação. É editor responsável da revista online Malala (<http://www.revistas.usp.br/malala>).
3. Nota sobre terminologia: uso os termos terrorismo para o fenômeno de violência infligida por perpetradores não Estatais em prol de algum ideal contra cidadãos não combatentes. Diferencio islã e muçulmano, denotando a religião (islam) e a civilização islâmica, dos conceitos islamismo e islamita (islamiyya, sinônimo de fundamentalismo islâmico), que uso para designar

Imediatamente após os atentados contra o jornal Charlie Hebdo, em janeiro de 2015, milhões de franceses, estupefatos e escandalizados, fizeram demonstrações maciças contra o terrorismo. O sociólogo Emmanuel Todd decifrou e deslegitimou esses atos como uma manifestação islamofóbica da França conservadora[4]. Noam Chomsky, o intelectual público vivo mais citado no mundo, reagiu aos atos terroristas exclamando que "... não é o caso que 'terrorismo é terrorismo e não há dois olhares sobre isto'. Com certeza há duas maneiras de olhar isto: a deles contra a nossa".[5] Se olharmos para outros atentados recentes, encontramos mais exemplos desconcertantes de intelectuais públicos, geralmente da esquerda, relativizando ou considerando "compreensíveis" os ataques. Em 11 de setembro de 2001, os ataques de Al-Qaeda contra as torres gêmeas horrorizaram a humanidade. Para Chomsky, no entanto, os verdadeiros terroristas foram os próprios EUA que, por sua maldade, provocaram essa justa punição. O filósofo Slavoj Žižek não aplaudiu Osama bin Laden, mas considerou fundamentalismo e capitalismo global como duas faces de uma mesma moeda. O filósofo Jean Baudrillard celebrou o ataque como uma reação simbólica ao mundo capitalista comodificado. O dramaturgo Harold Pinter e os romancistas Norman Mailer e Arundhati Roy estão entre os vários intelectuais públicos que expressaram alguma compreensão pelo ato de terror.[6] A associação de uma certa intelectualidade com violência política começou, porém, muito antes

---

uma ideologia que decorre de uma certa leitura política da religião. O jihadismo é uma tendência dentro do islamismo. O Estado Islâmico (al-Dawla al-Islamiyya ou Islamic State) se refere ao grupo chamado anteriormente Estado Islâmico no Iraque e no Levante (também conhecido como ISIS ou Daesh pela sigla árabe de al-Dawlah al-islāmiyah fī 'l-'Irāq wal-Shām), hoje detentor de um território independente entre o Iraque e a Síria. O uso do nome que este grupo se dá não implica em nenhum julgamento sobre sua qualidade islâmica, do mesmo modo como, por exemplo, designar Israel como "Estado judaico" não implica em aceite da visão específica do judaísmo que a liderança israelense aplica.
4. "Scarcely a mass-murdering dictator of the twentieth century was without his intellectual supporters, not simply in his own country, but also in foreign democracies, where people were free to say whatever they wished" (Sowell, 2009, p. 11).
5. Todd (2015) foi imediatamente criticado por Alain Finkielkraut e outros intelectuais públicos franceses. "Contrary to the eloquent pronouncements, it is not the case that 'Terrorism is terrorism. There's no two ways about it'. There definitely are two ways about it: theirs versus ours" (Chomsky, 2015).
6. Baudrillard (2003); Zizek (2002), disponível em: <http://www.telegraph.co.uk/comment/personal-view/3585148/The-American-administration-is-a-bloodthirsty-wild-animal.html>; <http://www.newenglishreview.org/Ibn_Warraq/Apologists_of_Totalitarianism%3A_From_Communism_to_Islam,_Part_IV/>; <http://www.theguardian.com/world/2001/sep/29/september11.afghanistan>. Acesso em: 25 out. 2017.

do 11 de Setembro. De 1997 a 2003, o marxista libertário ("autonomista") Antonio Negri, acusado de responsabilidade pelos atos terroristas do grupo Brigadas Vermelhas, nos anos 1970, passou anos numa prisão italiana onde escreveu com Michael Hardt seu livro *Império*. A associação de certos intelectuais públicos famosos com o terrorismo vai além e é mais antiga. Em 1978, Michel Foucault encontrou Khomeini e expressou simpatia para com a revolução islâmica no Irã.[7] Em 1961, Sartre elogiou em seu prefácio do *Os condenados da terra de Frantz Fanon* a chamada deste pela violência "catártica" anticolonial na Argélia com as palavras: "na primeira fase da revolta é preciso matar: abater um europeu equivale a dar dois golpes com uma pedra, eliminando ao mesmo tempo um opressor e um oprimido; sobra um homem morto e um homem livre".[8] Talvez não seja supérfluo lembrar, neste contexto, que Martin Heidegger, o filósofo que mais influenciou o existencialista Sartre e os pós-modernos como Foucault, foi um simpatizante ativo dos nazistas nos anos de 1930 e, mesmo após a Segunda Guerra, nunca realmente se arrependeu.

Não deveríamos exagerar tais expressões, todas da esquerda, que podem ser entendidas como refletindo uma tendência pró-terrorista. Por um lado, elas são uma minoria em comparação a outras, opostas à violência e privilegiando a solidariedade com as vítimas. Por outro, é possível também encontrar outras linhagens intelectuais que inspiram atos terroristas, como, por exemplo, quando, em 2011, o terrorista norueguês Anders Breivik apontou, entre outros, os intelectuais anti-islâmicos Robert Spencer e Ayaan Hirsi Ali como inspiradores de seu massacre –, supostamente um protesto contra o multiculturalismo.[9]

Mesmo assim, o silêncio de muitos outros intelectuais após o 11 de Setembro foi talvez pior do que quaisquer palavras. Pergunto-me aqui sobre uma complexa conexão. Intelectuais públicos ajudaram a entender o terrorismo, islâmico

---

7. Afary; Anderson (2005).
8. "Car, en le premier temps de la révolte, il faut tuer: abattre un Européen c'est faire d'une pierre deux coups, supprimer en même temps un oppresseur et un opprimé: restent un homme mort et un homme libre (...)" (Fanon, 2002, p. 29).
9. No manifesto-compêndio justificativo de seu ato terrorista, Breivik cita com admiração vários intelectuais como Robert Spencer, Pamela Geller, Ayaan Hirsi Ali, Keith Windschuttle e Patrick Buchanan (Berwick, 2011) (Berwick é o pseudônimo de Anders Breivik).

e jihadista, em particular? Certas posições "críticas" contribuem para legitimá-lo? Contribuições de intelectuais públicos ajudam a lidar com o terrorismo ou desenvolver uma estratégia frente a ele?

O que e quem são os intelectuais públicos?

Para entender como os "intelectuais públicos" se encaixam numa tipologia de respostas aos grandes debates atuais, devemos antes de mais nada defini-los. Defino, portanto intelectuais públicos como os intérpretes das crises da atualidade. São filósofos, sociólogos, historiadores, jornalistas, romancistas e outros que, não se limitando à sua especialidade, se expressam na arena pública, participam e moldam o debate sobre os grandes assuntos do mundo (*opinion leaders*). No século passado esses temas poderiam ter sido o processo de Dreyfus, a guerra do Vietnã ou a questão do estalinismo. Hoje a pauta é dominada pela questão do islã, suas dificuldades ou possibilidades de convivência e integração no Ocidente, e o desafio de entender e lidar com violência e terrorismo de cunho islamita... e islamofóbico. Uma característica importante é que intelectuais públicos são (quase por definição) "irresponsáveis": apesar de terem prestígio entre o público educado (também por definição) e serem ouvidos pelos políticos tomadores de decisões, eles raramente precisam responder pelas consequências de suas palavras. Médicos, pilotos ou generais não podem se dar ao luxo da irresponsabilidade. Nem, aliás, pesquisadores, cujos resultados são geralmente controlados por instâncias externas. Na teoria, intelectuais públicos operam dentro de um discurso racionalista compartilhado, mesmo aqueles que criticam a razão e o iluminismo. O tipo do intelectual moderno emergiu pela primeira vez na França no final do século 19. Até a Segunda Guerra, foram majoritariamente romancistas: Zola, Gide, Malraux... Depois Sartre e Camus introduziram o filósofo como intelectual público. Nas últimas décadas temos de lidar com os Althusser, Baudrillard, Derrida e outros autores universitários dotados de contorcionismo estilístico. Pior do que esta academização recente do intelectual público é que – desde que Lyotard proclamou a morte das metanarrativas – carecemos de análises globais inovadoras. O declínio qualitativo do intelectual público que Richard Posner[10] identificou e lamentou há vinte anos parece se justificar.

---

10. Cf. Posner (2001). Sobre a academização da intelectualidade, cf. Jacoby (2000) e Sowell (2009).

Intelectuais públicos são generalistas. Eles podem ou não também ser especialistas, pesquisadores ou intelectuais de outro tipo, quer dizer, aqueles cujos produtos não são endereçados ao público em geral, mas a outros especialistas. A distinção é significativa. É graças ao trabalho de pesquisadores que sabemos quantas mulheres muçulmanas optam pela burca. Mas devemos à filósofa e intelectual pública Martha Nussbaum um argumento a favor da liberdade de vestimenta da mulher muçulmana. Pesquisadores (jornalistas, psicólogos...) descobrem que terroristas jihadistas são – ao contrário da opinião de certos estadistas – nem niilistas, nem psicopatas. Intelectuais públicos tais como Samuel Huntington, Jean Baudrillard e John Gray articulam opiniões sobre como entender os atos jihadistas do 11/9 – como estes, respectivamente, se encaixam no choque das civilizações, ou configuram um evento absoluto tornado inevitável pela expansão da globalização capitalista, ou ainda simbolizam a aporia da modernidade.[11] Usarei daqui para frente o termo genérico de "intelectuais" para os intelectuais públicos que são o objeto específico deste artigo.

É um tanto arbitrário e difícil, porém não impossível, estabelecer uma lista dessas vozes. Limitando-nos aqui a intelectuais ocidentais (ou que escrevem ou são regularmente traduzidos em inglês ou francês para um público primariamente ocidental)[12] e excluindo intelectuais mortos há muito tempo ou ainda pessoas que são líderes religiosos ou políticos antes que intelectuais (por exemplo, o papa Bento XVI ou Henry Kissinger, de 1969 a 1977, época em que foi secretário de Estado dos EUA) e baseando-nos nas sondagens de algumas revistas e sites internacionais amplamente consultadas, uma lista dos dez intelectuais mais importantes poderia ser (não necessariamente pela qualidade ou originalidade de seus argumentos, mas por popularidade e em ordem de importância pública):[13]

---

11. Sobre a burca cf. Nussbaum (2010), Huntington (1993) e seu subsequente livro homônimo de 1996. Baudrillard (2003); Gray (2005).
12. Apesar da globalização, muitos discursos intelectuais ainda circulam predominantemente no âmbito de civilizações específicas. Alexandr Dugin, o apóstolo eurasianista de Putin, talvez o mais conhecido intelectual público russo, é quase desconhecido fora da Rússia. Intelectuais escrevendo em chinês têm pouco impacto fora da China. O mesmo vale para a maioria dos pensadores islâmicos que escrevem para um público muçulmano (mesmo em inglês ou francês), tais como Yusuf al-Qaradawi, Fethullah Gülen ou Abdolkarim Soroush. Tariq Ramadan é uma das poucas exceções.
13. No final do século 20, Richard Posner publicou listas baseadas na popularidade de citações. Desde 2005 a re-

1º Noam Chomsky
2º Michel Foucault
3º Jürgen Habermas
4º Edward Said
5º Slavoj Zizek
6º Samuel Huntington
7º Francis Fukuyama
8º Salman Rushdie
9º Alain Finkielkraut
10º Antonio Negri

A lista acima é impressionista, não seria difícil adicionar outros nomes e não reflete nenhuma preferência pelas ideias (aliás, incompatíveis) destes dez, e a sua lista será diferente. Mas concordaríamos provavelmente sobre uma lista dos vinte ou trinta nomes mais notáveis e influentes. Mesmo assim, é obvio que não todos os intelectuais se expressam sobre cada assunto. Se deixarmos de lado um número maior de especialistas relativamente pouco conhecidos, o grupo dos intelectuais que ativamente moldam o debate público acerca do terrorismo islâmico não é numeroso. Independentemente da composição de uma tal lista (e do método para chegar a ela), podemos notar que a discussão pública de uma questão política, securitária e ideológica tão fundamental quanto a do terrorismo jihadista é amplamente dominada por um número relativamente reduzido de vozes famosas.[14]

---

vista Prospect e desde 2009 a Foreign Policy publica listas anuais baseadas em votações de leitores. Mas cada lista tem arbitrariedades e tem sido objeto de críticas. Foucault, Huntington e Said não estão mais vivos, enquanto Chomsky, Negri e Habermas têm uma idade avançada. Contudo, eles constam entre os intelectuais mais citados.
14. Os seguintes nomes parecem incontestes: Michael Walzer, Jacques Derrida, Judith Butler, Christopher Hitchens, Bruno Latour, Bernard-Henri Lévy, Bernard Lewis, Alain Badiou, John Gray, Jacques Derrida, Anthony Giddens, Charles Taylor, Immanuel Wallerstein, Emmanuel Todd, Niall Ferguson, Amartya Sen, Thomas Friedman, Fareed Zakaria, Ian Buruma, Robert Wright, Michel Houellebecq, Bassam Tibi, Philip Bobbitt, Marcel Gauchet, Robert Fisk, Paul Berman, Ian Buruma, Kwame Appiah e Charles Taylor seriam alguns dos outros candidatos óbvios. A infamosa "lista de Posner" de 546 intelectuais públicos, baseada em ranking nas mídias e citações acadêmicas, foi dura, mas nem sempre honestamente criticada (cf. <http://www.complete-review.com/quarterly/vol3/issue2/posner.htm>) – e permanece uma marca. Para a lista de Foreign Policy, ver <http://foreignpolicy.com/2008/05/15/top-100-public-intellectuals>.

Peter Demant

As quatro famílias intelectuais

Intelectuais gostam de debater e defender opiniões opostas. Como classificá-los? É possível contestar a tradicional classificação de posições políticas e intelectuais numa escala unidimensional de esquerda via centro à direita.[15] Para fazer jus à complexidade do debate sobre, por exemplo, o terrorismo, proponho matizar esse esquema por um quadro com dois eixos: um que corresponde a clássica antinomia esquerda/direita e outro, à dimensão universalista/particularista-relativista.

A primeira coordenada vai de posições anticapitalistas e emancipatórias, que consideram intolerável o *status quo* e acreditam na maleabilidade dos arranjos sociais e também internacionais, até posições mais defensivas, considerando as estruturas atuais como aceitáveis ou o mal menor e os arranjos sociais como essencialmente imutáveis. A esquerda, "progressista", acredita numa transformação do *status quo* político e social em direção à igualdade e emancipação dos oprimidos ou excluídos. A direita, "conservadora", aceita como inevitável as desigualdades e rejeita mudanças extremas do *status quo*. É, portanto, possível definir os dois polos como utópico e distópico.

O segundo eixo distribui as opiniões que vão de universalistas, aceitando a modernidade, até relativistas e críticas à modernidade. O modernista aceita a existência de uma verdade objetiva, pelo menos o potencial da racionalidade do ser humano e a possibilidade do progresso. Seu oposto rejeita a possibilidade de julgamentos objetiva e universalmente válidos e, ao invés de uma narrativa de progresso, defende o respeito às diferenças intransponíveis entre grupos humanos.

Isso produz o seguinte quadro (cada quadrante possui também uma afinidade com uma escola de relações internacionais em particular, sendo RI a teoria equivalente nas Relações Internacionais).

---

15. Obviamente existem muitas outras possibilidades, por exemplo, cruzando o eixo esquerda/direita com o eixo individualismo/comunitarismo ou com o eixo de mentalidade indo de tenra a dura ("tough-mindedness/tender-mindedness") de Hans Eysenck e sua variação no "diagrama de Nolan"; ou com o eixo autoritarismo/democracia, o sistema biaxial de Ronald Inglehart do World Values Survey cruza um coordenado de tradicionalismo até secularismo com outro indo de survivalism (sobrevivencialismo) até autoexpressão.

	ESQUERDA (utópica)	CENTRO/DIREITA (distópica)
Posições políticas das principais correntes intelectuais	Emancipação, extensão de direitos Anticapitalista Maleabilidade *status quo* = intolerável	Proteção de direitos adquiridos Não anticapitalista Imutabilidade e/ou *status quo* = mal menor
Universalismo Modernismo (positivista)	1. marxismo & anarquismo (RI: marxismo)	3. democracia liberal & neoconservadores (RI: idealismo)
Relativismo Particularismo Antimodernismo (subjetivista)	2. Pomo (pós-modernismo) (RI: construtivismo)	4. conservadorismo - culturalismo (RI: realismo)

Uma rápida caracterização (necessariamente esquemática) destes quadrantes nos permitirá contextualizar como eles se relacionam ao terrorismo.

1. O **quadrante 1**, que inclui **marxistas** e **anarquistas**, constituiu até meio século atrás a alternativa ao *status quo*, mas tem perdido muita influência devido a uma série de fatores bem conhecidos: a transformação do capitalismo num estado do bem-estar e consumismo com concomitante perda do proletariado como sujeito revolucionário; o inimaginável preço humano da construção do comunismo na URSS, China e alhures; seu fracasso econômico e sua política totalitária; tendências antipositivistas na ciência; e a implosão do sistema soviético no fim da Guerra Fria. No entanto, não têm sido menos graves, intelectualmente, as posturas de negação, de Sartre até Chomsky, do gulag e dos genocídios. Para muitos no Ocidente, o desmoronamento do comunismo nos anos 1980 e 1990 deslegitimou o projeto marxista e vários projetos afins tentando combinar nacionalismo e socialismo. Uma parte dos intelectuais migrou para posições antitotalitárias mais centristas ou até da direita (como os neoconservadores nos EUA, e, na França, os "novos filósofos"). Outra parte migrou para posições relativistas. Uma esquerda universalista so-

brevive hoje e, entre outros, no movimento alterglobalista, e há ainda uma produção intelectual bastante fecunda, com protagonistas intelectuais como Negri, Chomsky, Alain Badiou e Immanuel Wallerstein.

2. O **quadrante 2** inclui **pós-modernistas** e **multiculturalistas**. Antiessencialistas negam a existência objetiva de categorias sociais tais como raça, nação, gênero, orientação sexual, decifrando-as como socialmente construídas e enfatizam o respeito à diversidade e alteridade, mesmo se os grupos não ocidentais ou subalternos a serem emancipados têm costumes exóticos ao olhar da elite ocidental (do canibalismo ao apedrejamento de adúlteras). De fato, racismo, escravidão e genocídios perpetrados pelo Ocidente em nome de visões dicotômicas orientalistas geraram uma "culpa pós-colonial", que supostamente invalidaria quaisquer protestos liberais e justificaria censuras "politicamente corretas". Intelectuais deste quadrante tendem a duvidar da primazia da razão, responsável não tanto pela liberdade quanto por genocídios e totalitarismo, e desconstroem inúmeras categorias como meras construções sociais, instáveis ou talvez inexistentes. Foucault, Jacques Derrida, François Lyotard, Said, Zizek, Judith Butler e Bruno Latour são os nomes de maior referência, "mais fortes em atitude do que em argumento", segundo o historiador de ideias Mark Lilla.[16] A fraqueza desta corrente está na sua dificuldade em traduzir teorias radicais abstratas em políticas coletivas coerentes, o que leva críticos como Richard Wolin a apontar uma afinidade subterrânea entre esta esquerda e a direita nietzscheana ou heidegeriana que a inspiraria. Apesar das críticas, os protagonistas mantêm sua força: em muitos meios acadêmicos as correntes "pomo" anti-*status quo* permanecem hegemônicas.

3. O **terceiro quadrante** são os **universalistas e internacionalistas liberai**s, incluindo os entusiastas da exportação global da democracia e dos direitos humanos: Michael Walzer, Fukuyama, Bernard-Henri Lévy, Vaclav Havel, Michael Ignatieff, Alain Finkielkraut, Thomas Sowell e, de maneira mais qualificada, Habermas e Anthony Giddens, ambos chamados por seus críticos "o último modernista".[17] Filosoficamente existem entre eles diferenças importantes: o que é relevante aqui são suas posturas públicas convergentes. Esta corrente univer-

---

16. Mark Lilla observa que "... postmodernism is long on attitude and short on argument" (Lilla, 2001, p. 163).
17. Mestrovic (1998).

salista tem se enfraquecido recentemente, por fatores tais como sua associação com a globalização neoliberal, o insucesso das intervenções norte-americanas no mundo muçulmano, o receio (ou fadiga) popular em confrontar autocracias. Após a expansão na terceira fase da democratização,[18] vivemos hoje um refluxo: nas velhas potências ocidentais, a democracia tem gerado despolitização, enquanto que, nas sociedades plurais e segmentadas da Europa Oriental, Ásia, África e América Latina, as novas democracias têm raramente conseguido transformar as mentalidades de conflitos soma-zero e *winner-takes-all*.

4. O **quadrante 4** reúne uma variedade de relativistas que defendem o *status quo*: **culturalistas** que acreditam na incomensurabilidade das civilizações e religiões, **conservadores** que buscam defender a própria nação, raça ou normas sociais contra pretendidas invasões de revolucionários, globalistas "niveladores" e "superficiais", ou migrantes portadores de culturas estrangeiras. São grandes defensores de identidades fixas (Estado, nação, família, civilização e outras). Ainda que isto não soe relativista, no final das contas sua insistência na unicidade (se não superioridade) do próprio grupo dilui quaisquer valores universais proclamados: a primazia da própria herança não é passível de ser "reduzida" a alguma essência universal. Novamente, é um grupo bem heterogêneo onde se encontram comunitaristas, defensores de valores de família, nacionalistas, isolacionistas e eurasianistas, antissemitas e islamófobos, ecologistas e negacionistas da mudança do clima, cristãos tradicionalistas e adeptos de várias correntes esotéricas. O racismo pré-Segunda Guerra é hoje raro, mas a Nova Direita substitui a antiga categoria "raça" pela da "cultura" quase hereditária e não menos fechada. Esta corrente é a única indubitavelmente em crescimento, devido à percepção em muitos lugares de ataque cultural externo, seja por burocracias supranacionais seja por imigrantes. Para fazer frente a estas ameaças, intelectuais marxistas e liberais tanto quanto pós-modernos e pós-coloniais são considerados no melhor caso ingênuos, e no pior, traidores. Esta corrente tem franjas populistas e anti-intelectualistas e pode até inspirar seus próprios extremistas violentos, mas inclui intelectuais influentes tais como Louis Pauwels, William Buckley, John Gray, Huntington e Robert Spencer.

---

18. Huntington (1991).

Como qualquer classificação, também esta é vulnerável à critica por forçar analogias e pelo esquematismo. Contra o quadro proposto acima pode-se, por exemplo, fazer as seguintes objeções: (1) juntar na mesma categoria centristas e direitistas não agradaria a nenhum dos dois. Meu critério aqui era separar intelectuais cuja oposição ao *status quo* chega a advogar transformações revolucionários (implicitamente violentas) daqueles que rejeitam isso. Há, porém, também vozes conservadoras violentas contrarrevolucionárias.[19] (2) Universalismo nem sempre casa com modernismo, nem relativismo com antimodernismo.[20] (3) Dentro de cada categoria há grandes diferenças.[21] (4) Certos autores caberiam em mais de uma categoria, outros em nenhuma.[22] E finalmente (5) nossa categorização pode ser culturalmente específica demais. Islamitas são por definição universalistas, porém, politicamente, muitas vezes são aliados de relativistas progressistas (na questão do imperialismo) ou conservadores (na questão da mulher). A justificativa para mesmo assim usar nosso esquema é que ele organiza as opiniões de maneira sintética e dá conta da maioria dos casos. Para os fins deste artigo, isto parece ser suficiente.

Concluímos que as duas correntes universalistas, a marxista e a liberal-democrática, estão hoje em declínio ou sob ataque, enquanto as duas relativistas, a esquerda pós-moderna/pós-colonial e a direita protecionista-cultural, se mantêm ou têm crescido. Isto já nos oferece uma referência para entender a atual exacerbação diante do terrorismo, pois a linha pós-moderna

---

19. Frauke Petry, a líder do partido de extrema direita Alternative für Deutschland (AfD, Alternativa para a Alemanha), em março de 2016 conclamou policiais a atirarem em refugiados que tentam entrar ilegalmente na Alemanha: "Frauke Petry, a nova cara da extrema-direita na Alemanha". Em: Carta Capital 11-3-2016. Disponível em: <http://www.cartacapital.com.br/revista/888/hitler-de-saias>. Acesso em: 6 nov. 2017.
20. Por exemplo, Michael Walzer é nitidamente modernista, mas abraça certas posições relativistas (para ele, em última instância, cada comunidade humana se compromete com seus próprios valores, que incutem significado às ações e à vida de seus membros); Ian Buruma, que foi criticado por seu suposto relativismo cultural, certamente não é antimoderno.
21. Por exemplo, Samuel Huntington e o pensador russo Alexandr Dugin são ambos culturalistas defensivos e conservadores, mas além disto suas posições divergem fortemente, sendo Huntington defensor da democracia e Dugin beirando ao fascismo. Habermas e Sowell podem com algum esforço se encaixar no mesmo quadrante 3, mas seu "liberalismo" tem origens diametralmente opostas.
22. O modernista Habermas, apesar de não ser mais marxista clássico, possui raízes na tradição frankfurtiana. Zizek mescla conceitos marxistas, lacanianos e outros. Existem casos transitórios entre os quadrantes 1 e 2, 1 e 3, 2 e 4, e 3 e 4; apenas entre 2 e 3 não parece haver ligações. Vários romancistas, além de intelectuais cujas intervenções focam outros temas controvertidos (como evolução vs. criacionismo ou religião vs. ateísmo), são também difíceis de encaixar num quadrante específico (por exemplo, Paulo Coelho ou Richard Dawkins).

tende a desculpar o jihadismo; enquanto a corrente nativista, anti-imigrante e islamofóbica do "choque das civilizações" cria argumentos usados contra eles mesmos pelos próprios jihadistas, ajudando a provocar mais terrorismo.

O que é terrorismo?

Observa-se às vezes que "o terrorista de um é o lutador pela liberdade do outro". Tudo dependeria da perspectiva. Rejeito tal fácil relativismo que confunde meios e fins – cada terrorista se considera alguém que defende uma causa nobre; mas causas nobres precisam necessariamente de banhos de sangue inocente para serem defendidas? Mesmo assim, o terrorismo é um conceito complicado, que contaria para além de 100 definições.[23] Para os fins do presente argumento defino terrorismo pela combinação de três critérios:

1) uso de violência contra não combatentes e outras pessoas indefesas;

2) em prol de uma meta política-ideológica;

3) por um ator em oposição ao poder.

Essa definição simples permite agudar quais violências são ou não são atos terroristas.

---

23. Alex Schmid, o veterano holandês-suíço dos estudos sobre terrorismo, ao analisar mais de 100 definições na literatura, chega à seguinte definição "acadêmica consensual": "O terrorismo é um método de ação violento repetido, inspirador de ansiedade, usado por atores (semi)clandestinos individuais, grupais ou estatais por razões idiossincráticas, criminosas ou políticas em que – em contraste ao assassinato – os alvos imediatos da violência não são os alvos principais. As vítimas humanas imediatas da violência são geralmente selecionadas de maneira aleatória (alvos oportunistas) ou seletiva (alvos representativos ou simbólicos) e servem como geradores de mensagens. Baseados em ameaça e violência, os processos de comunicação entre (o) (a organização) terrorista, as (pretendidas) vítimas e os alvos principais são usados com a finalidade de manipular o alvo principal (ou sua(s) audiência(s)), tornando este em alvo de terror, alvo de demandas ou alvo de atenção, segundo busca-se primariamente intimidação, coerção ou propaganda" (Schmid,1988). ["Terrorism is an anxiety-inspiring method of repeated violent action, employed by (semi-) clandestine individual, group or state actors, for idiosyncratic, criminal or political reasons, whereby - in contrast to assassination - the direct targets of violence are not the main targets. The immediate human victims of violence are generally chosen randomly (targets of opportunity) or selectively (representative or symbolic targets) from a target population, and serve as message generators. Threat-and violence-based communication processes between terrorist (organization), (imperilled) victims, and main targets are used to manipulate the main target (audience(s)), turning it into a target of terror, a target of demands, or a target of attention, depending on whether intimidation, coercion, or propaganda is primarily sought".] Cf. <http://web.archive.org/web/20070527145632/http://www.unodc.org/unodc/terrorism_definitions.html>. Acesso em: 6 nov. 2017. Cf. Hoffman, 1998, p. 39.

(1) **violência contra não combatentes:** aceitando essa diferenciação, ataques do Hizbullah libanês contra soldados israelenses não são terrorismo, mas um homem-bomba do Hamas palestino que explode vinte cidadãos israelenses numa boate em Tel-Aviv é terrorismo;

(2) **objetivo político-ideológico:** um psicopata que mata dez alunos numa universidade nos EUA não é um terrorista, mas Anders Breivik que, em 2011, massacrou 65 jovens socialistas numa ilha norueguesa em protesto contra o multiculturalismo é um terrorista. Assim como o major Nidal Hassan, que assassinou treze soldados norte-americanos numa base militar, em 2009, por motivos jihadistas, também.

(3) o ator terrorista atua em **oposição ao poder**, o que permite desemaranhar terrorismo de "terrorismo de Estado", uma confusão introduzida por Chomsky.[24] Quando Saddam Hussein fez massacrar 80 mil curdos, no anos 1980, ele era ditador iraquiano: foi terrorismo de Estado. Quando o presidente Obama faz executar Osama bin Laden ou faz bombardear escritórios do Estado Islâmico em sua capital Raqqa, pode ou não ser um ato de guerra, pode ou não ser terrorismo de Estado; mas não é o terrorismo de um ator oposicionista.

O terrorismo é, como os primeiros teóricos na Rússia do século 19 raciocinaram, "propaganda pelo ato": o ato violento imporia ao debate público a discussão da causa do terrorista e desta forma a faria avançar. Não é apenas um ataque mas também uma comunicação ainda que transcenda a persuasão verbal ou escrita.

Hoje a grande maioria dos ataques terroristas ao redor do mundo tem motivo islamita.[25] Portanto, é o terrorismo de tipo jihadista que ocupa a maior atenção dos intelectuais. Infelizmente a máxima de quinze anos atrás do especialista do Oriente Médio Bernard Lewis é ainda atual: embora apenas uma

---

24. "Chomsky says US is world's biggest terrorist". Euronews, 17-4-2015: <http://www.euronews.com/2015/04/17/chomsky-says-us-is-world-s-biggest-terrorist/>. Acesso em: 6 nov. 2017. Cf. Chomsky; Herman (1979).
25. A questão da incidência de ataques islamitas dentro do universo do terrorismo contemporâneo tem se tornado por si mesma controversa e politizada. Há publicações alegando que os registros mostram que muçulmanos representam apenas uma minúscula proporção de todos os atos terroristas (ocorreriam menos atos terroristas muçulmanos do que judaicos) e que a maioria dos ataques seria de cunho nacionalista (basco, corso, curdo etc.) ou ainda (segundo outras fontes) da extrema direita. A ênfase pública desproporcional em violência muçulmana seria, portanto, o resultado

parcela pequena dos muçulmanos apoie o terrorismo, a maioria dos terroristas são muçulmanos.[26] Apesar de certos "erros óticos" que parecem exagerar a incidência do jihadismo, a atenção dada a ele não é fortuita.

De fato, o jihadismo exibe uma curva em ascensão de ataques mortíferos. A grande maioria das vítimas, aliás, não são ocidentais, mas outros muçulmanos. O Estado Islâmico, filho revoltado do "pai" Al-Qaeda, não é a única organização jihadista com programa universal, mas sem dúvida a mais bem-sucedida e perigosa no momento.

Obviamente nossa definição acima atinge um limite quando uma organização terrorista é simultaneamente um Estado: caso do Estado Islâmico, que está em guerra declarada contra seus vizinhos e contra todos os Estados do mundo! Quando um homem-bomba mata 40 xiitas num funeral em Bagdá (ocorrência quase cotidiana que nem mais entra no noticiário...) ou mais de 100 em

---

de um viés das mídias (se não de forças conspiratórias mais obscuras) ou, numa palavra, de islamofobia. Think tanks e sites anti-islâmicos promovem obviamente uma leitura oposta. Uma discussão aprofundada do assurto não cabe aqui, mas algumas observações podem ser feitas. Elas tendem a reforçar uma interpretação crítica ao slã. As estatísticas são manipuláveis pelo recorte cronológico (por exemplo, se a contagem começa a partir dos anos 1970, a porcentagem de ataques islamitas diminui, pois estes se tornam mais numerosos a partir do 11 de setembro de 2001), pela definição usada (um ataque é considerado terrorista apenas se resulta em mortos? Contam-se o número de ataques ou de perpetradores ou de vitimas?) e por outras considerações.

26. Pela contagem do FBI, uma grande parte dos ataques nos EUA não conduziu a nenhuma baixa, e atentados com motivo islamita constituem uma ínfima parcela: <https://www.fbi.gov/stats-services/publications/terrorism-2002-2005/terror02_05.pdf>. Acesso em: 6 nov. 2017. Mas o FBI exclui terrorismo fora do território dos EUA e inclui na sua lista não apenas todas as tentativas com bombas, mas também sequestros e assaltos a bancos politicamente motivados, vandalismo, ataques a vagões de circo para libertar os animais etc. Desde que contamos vítimas, a proporção islamita predomina, mesmo nos EUA. Cf. "All Terrorists are Muslims... Except the 94% that aren't", em: Loonwatch 20-1-2010, <http://www.loonwatch.com/2010/01/not-all-terrorists-are-muslims/>; "The Myth of the Non-Muslim Terrorist", em: <http://www.thereligionofpeace.com/pages/articles/loonwatch-94-percent.aspx>; Dean Obeidallah, "Are All Terrorists Muslims? It's Not Even Close" (14-1-2015), em: <http://wvvw.thedailybeast.com/articles/2015/01/14/are-all-terrorists-muslims-it-s-not-even-close.html>. Acesso em: 6 nov. 2017. Porém, os EUA têm sido historicamente poupados pelo terrorismo e – exceto o *outlier* do 11 de Setembro – vítimas de assassinatos "normais" são muito mais numerosas. Na escala mundial, no entanto, a proporção de vítimas fatais e feridos por ataques islamitas é enorme, crescente e inegável. De acordo com um recente estudo de Yoram Schweitzer do Institute for National Security Studies da Universidade de Tel-Aviv, apenas em 2015, 99% dos ataques por homens-bomba (somando 4.370 mortos) foram executados por motivos islamitas: Avi Issacharoff, "450 of 452 suicide attacks in 2015 were by Muslim extremists, study shows", em: <http://www.timesofisrael.com/450-of-452-suicide-attacks-in-2015-were-by-muslim-extremists-study-shows/>. Dados mais detalhados do terrorismo internacional podem ser consultados, entre outros, na Global Terrorism Database da University of Maryland: <http://www.start.umd.edu/gtd/>. Acesso em: 6 nov. 2017.

Paris (isto sim ainda chama atenção) e os ultrajes são reivindicadas pelo Estado Islâmico, fica difícil definir se é terrorismo ou ataque bélico. Contudo, como tais atos são cometidos por simpatizantes locais (iraquianos, franceses, belgas e outros) em nome do EI, os consideraremos, por enquanto, terrorismo.

OS QUADRANTES INTELECTUAIS FRENTE AO TERRORISMO		
Reações ao terrorismo jihadista	ESQUERDA	CENTRO/DIREITA
Universalista Modernista	MARXISTAS • "imperialismo é pior" – o capitalismo é culpado • conscientização	POMO MULTICULTURALISTAS • "imperialismo é pior" – Ocidente é culpado • de "respeitar alteridade" a concessões preventivas a demandas islamitas
Relativista Antimodernista	DEMOCRATAS LIBERAIS • diálogo ("culpa dos mal-entendidos") • da exportação da democratização e dos direitos humanos a intervenções no Oriente Médio	CULTURALISTAS CONSERVADORES • islã é culpado • "choque das civilizações" • protecionismo cultural - islamofobia

Desde as últimas décadas, a globalização com seus múltiplos problemas não resolvidos tem produzido um acirramento de novas crises. Entre essas, destacam-se tendências violentas entre vários fundamentalismos religiosos, incluindo terrorismo islamita antiocidental e antimoderno. Desde o 11/9, em particular, as violências de cunho islamita ou a este atribuídas, dominam cada vez mais os debates tanto no grande público quanto entre intelectuais. O islamólogo francês (e intelectual público) Olivier Roy observa corretamente que a maioria das análises intelectuais se encaixam em uma de duas categorias: anti-imperialista ou anti-islâmica. Ambas narrativas são incompletas.[27]

---

27. "A maioria dos muçulmanos não é fundamentalista e a maioria dos fundamentalistas não é terrorista, mas a maioria dos terroristas é muçulmano, orgulhosamente identificando-se como tal" (Lewis, 2003, p. 137).

As **análises e avaliações** do terrorismo decorrem da visão de mundo *a priori* de cada quadrante. Para a **nova esquerda relativista (quadrante 2)** o terrorismo islamita é culpa do Ocidente capitalista. Alguns intelectuais defendem abertamente o terrorismo, palestino em particular.[28] Porém é mais comum encontrar vozes que relativizam sua importância ou que acusam fatores externos, encobrindo ou até justificando o jihadismo como contrarreação distorcida (mas "compreensível") a um terror pior que seria o imperialismo ocidental (ou a ordem neoliberal; ou a implantação de regimes pró-ocidentais no Oriente Médio; ou o apoio ocidental a Israel; ou a discriminação e "opressão" dos muçulmanos em países ocidentais; ou ainda a invasão cultural ocidental no mundo muçulmano que desrespeita a alteridade do outro não ocidental muçulmano e, através de prismas orientalistas, nega e mina a sua autenticidade). Em última instância, o Ocidente é culpado e a violência islamita é seu efeito colateral e até lógico: uma resposta errada, mas compreensível às políticas ocidentais. A política externa, em particular dos EUA no Oriente Médio, e as invasões do Afeganistão, Iraque e Líbia são vistas como causa. Chomsky, Said ou Zizek, entre outros, exemplificam esta explicação externalista e islamófila.

(As análises marxistas do **quadrante 1** seguem mais ou menos a mesma logica; há vários teóricos cuja influência pública é, porém, menor).

A **nova direita culturalista (quadrante 4)** defende uma visão oposta, islamofóbica e internalista, reduz o jihadismo ao próprio islã ("não há islã moderado"), acusando o islã *per se* pelo terror. O terrorismo é, então, a expressão de uma suposta incompatibilidade entre o islã (inerentemente "violento") e os "valores ocidentais"; seguindo a lógica do choque das civilizações, essa violência demonstra sua incompatibilidade com a civilização ocidental. Finkielkraut, Christopher Hitchens e Ayaan Hirsi Ali são algumas das vozes que tendem nessa direção.

Embora seu triunfalismo tenha se matizado desde o fim da história de Fukuyama (1989/1993), o **quadrante 3 universalista** mantém uma visão otimista no longo prazo. Vê o jihadismo como manifestação maligna da dificuldade do islã contemporâneo a integrar a modernidade. É a única linha que busca explicar

---

28. Roy (2015).

o terrorismo por uma polarização dentro do islã e que portanto divide os muçulmanos entre "bons" (aqueles que podem e devem se alinhar ao projeto liberal universal) e "maus" (que se deixam radicalizar).[29]

As respostas e estratégias propostas por cada linha resultam da sua análise

Como vimos acima, uma parcela significativa da intelectualidade é anticapitalista e/ou esquerdista e tem portanto uma atitude emancipatória e de oposição ao *status quo*. Isto se traduzia historicamente por um certo apoio a (ou "entendimento" de) correntes usando violência para destruir o sistema, incluindo atos de guerrilha ou terrorismo e às vezes apoio a tendências iliberais em Estados pós-coloniais, inclusive no mundo muçulmano.

O **quadrante 2, pós-moderno**, indica em geral, em nome do respeito devido ao outro muçulmano, concessões "politicamente corretas" às demandas islamitas. Elas vão da censura de óperas de Mozart e de estátuas nuas nos museus à retirada de referências ao holocausto dos judeus nas escolas e à incorporação do xaria na lei ocidental, além de demandas de cancelamento da presença intervencionista ocidental no Oriente Médio. Um aspecto preocupante é a sistemática não atenção ou até rejeição pela intelectualidade *bien-pensant* esquerdista às analises moderadas e antijihadistas oriundas de muçulmanos progressistas, críticos e apóstatas.[30]

Tudo isso, contudo, não endereça diretamente o terrorismo. De fato, além de insistir na transformação radical do próprio Ocidente (ou do mundo inteiro) e de atender preventivamente a pressões islamitas genéricas, os intelectuais pós-modernistas não possuem nenhuma estratégia específica diante das demandas de jihadis terroristas. Isso seria, aliás, impossível, pois implicaria numa rendição total aos terroristas por parte do mundo não islâmico (como também pela maioria muçulmana que rejeita a teologia

---

29. Zizek (2012) se aproxima bastante da apologia do terrorismo em seu prefácio ao livro de Wahnich, *In defense of the terror: Liberty and death in the French Revolution* (2012). O filósofo canadense-inglês Ted Honderich (não especialmente pós-modernista), apesar de reconhecer o direito de existência de Israel, justifica o uso de homens-bomba palestinos como resistência legítima ao neossionismo: Honderich (2003). Cf. também seu debate com Richard Wolin, "Are Suicide Bombings Morally Defensible?", em: <http://www.ucl.ac.uk/~uctytho/Wolinhispiece.html> e a resposta de Honderich, em <http://www.ucl.ac.uk/~uctytho/Wolinmyreply.html>. Acesso em: 6 nov. 2017.
30. Mamdani (2005).

e prática do jihadismo). Isso logo conduziria à autodestruição de todas as correntes intelectuais ocidentais, inclusive os próprios pós-modernos. Pode-se questionar o porquê da tolerância de uma certa esquerda multiculturalista para com um terrorismo que tem nada de progressista e lembra o fascismo. Não se pode negá-la. O califa do Estado Islâmico provavelmente considera seus simpatizantes ingênuos no Ocidente da mesma forma como Stalin olhava para George Bernard Shaw, Romain Rolland ou Sartre, que proclamavam as belezas do sistema soviético para o público ocidental: "idiotas úteis".

Para os **protecionistas culturais (quadrante 4)** a resposta deve ser defensiva ou confrontacional. Em geral são pessimistas quanto às intenções muçulmanas e à probabilidade de uma reforma no islã e advogam uma estratégia de resistência antimuçulmana. Isso pode ir de demandas para uma maior adaptação ou até assimilação dos muçulmanos residentes no Ocidente e para a rejeição de novos refugiados até crimes de ódio e ataques físicos. Essas atitudes articuladas pelos ideólogos de partidos direitistas estão se tornando cada vez mais populares na Europa e nos EUA. No limite, podem se aproximar do terrorismo oposto, como incendiar casas de imigrantes muçulmanos. É claro que essa estratégia de fechamento cultural e territorial também joga a favor dos jihadis, pois apenas serve para aprofundar a alienação de muçulmanos ao redor do mundo, estimulando uma maior radicalização.

É interessante, portanto, constatar que essas duas vertentes, ambas relativistas (ainda que por razões opostas) e ambas se colocando em oposição às "elites" dos Estados do Ocidente, acabam basicamente fortalecendo o objeto que pretendem controlar. Não obstante, elas parecem dominar os debates atuais.

Contra tais visões bastante coerentes embora contraproducentes, encontramos um **buraco no quadrante 3**. Em termos práticos, os intelectuais associados a esta linha propõem estratégias confusas. A princípio, prefeririam um engajamento dialógico com o mundo muçulmano. Intelectuais liberais democráticos e universalistas pedem o diálogo e a negociação e rejeitam o uso de violência como método de resolução de conflitos, sendo críticos de ambos os lados. Assim Walzer e Ignatieff aceitam o uso de meios terroristas (e também da contraviolência pelo Estado como a tortura) apenas em circunstâncias mais extremas e restritivas, como último meio para resgatar a justiça.[31] Rushdie, Bassam Tibi e muitos outros muçulmanos progressistas são a favor de uma reforma dentro do islã.

Para além da sua preferência pelo diálogo, no entanto, muitos nesse quadrante estão próximos do intervencionismo humanitário ou até do programa neoconservador da exportação da democracia. A democracia liberal com seu cortejo de direitos humanos e individuais, a lei internacional e as instituições supranacionais constitui hoje o consenso não oficial da comunidade internacional. Não por acaso, autores como Fukuyama e "BHL" têm articulado propostas militares contra Estados ou grupos militantes vistos como facilitadores do jihadismo e/ou violadores de direitos humanos: Afeganistão, Iraque, Líbia e, hoje, Síria e o Estado Islâmico. Cada novo massacre cometido por terroristas e cada nova crise humanitária colocam novamente o dilema entre ajudar ("imperialista") e indiferença ("inação covarde"). Ora, qualquer intervenção por mais limitada que seja, sempre e inevitavelmente, causa vítimas civis colaterais, o que estimula reações antiocidentais e, possivelmente, pró-jihadistas. Tais efeitos paradoxais e outros desgastes das intervenções têm solapado no público ocidental o apoio popular a novas intromissões e fazem com que atualmente as forças antiintervencionistas no Ocidente possam bloquear novas intromissões no Oriente Médio que sejam significativas para fazer uma diferença militar decisiva (supondo que uma "solução militar" ao desafio jihadista exista). Os recentes ataques jihadistas no Ocidente (Paris, em novembro de 2015, entre outros) podem diminuir a resistência pública a reações militares contra o Estado Islâmico e grupos afins. Mas quem se beneficia ideologicamente do "despertar" ocidental é muito mais a direita islamofóbica do que os democratas universalistas. Para o quadrante 3, a consequência é a paralisia!

Os proponentes da solidariedade humana proativa com as vítimas de terrorismo e do terrorismo de Estado (a famosa R2P, a "responsabilidade de proteger") estão presos na aporia entre o fracasso da não intervenção (por exemplo, Ruanda, 1996, e Síria, hoje) e as calamidades da intervenção (Afeganistão, 2001, Iraque, 2003, e Líbia, 2011).

---

31. Os casos mais exemplares dizem sem dúvida respeito a ex-muçulmanos (apóstatas) tais como Ibn Warraq, Wafa Sultan ou Ayaan Hirsi Ali, mas um tratamento similar é reservado a muçulmanos críticos tais como Irshad Manji ou Maajid Nawaz, e até àqueles mais *mainstream*, mas explicitamente não-violentos e modernistas como Abdullahi an-Na'im ou Fethullah Gülen.

■ Por que ser jihadista? A mancha cega dos intelectuais públicos perante o terrorismo islamita

Todos estão de acordo que uma derrota militar do Estado Islâmico seria apenas uma batalha e não uma vitória na guerra contra o terror. Para ter êxito, essa guerra precisaria derrotar não apenas os terroristas atuais, mas a crescente atração do jihadismo entre grupos de jovens cuja alienação dentro da sociedade em que vivem constitui a termo um perigo mortal para todos. Habermas, Fukuyama, Rushdie, Giddens, Ian Buruma, Robert Wright, Charles Taylor e muitos outros intelectuais do 3º quadrante sabem e dizem que a solução passa não pela violência, mas pela integração daqueles em risco de se tornarem os futuros terroristas. Infelizmente ninguém ainda articulou a nova teoria necessária para essa tarefa.

Em resumo, embora não faltem explanações, por enquanto nenhuma corrente intelectual ofereceu uma resposta viável aos jihadistas. A maioria da intelectualidade ocidental aponta problemas de grande envergadura como causas das profundas crises no mundo muçulmano, no Ocidente ou entre ambos. De fato, não dá para negar a existência e exacerbação de graves crises internacionais e intercivilizacionais, independentemente da questão se estas são causadas por imperialismo ocidental incessante, por inimizade ocidental permanente frente ao islã ou inimizade inerente do islã perante o Ocidente ou outros fatores ainda. É concebível que o terrorismo religioso constitua para alguns uma maneira de lidar com a crise. Contudo o terrorismo não é de jeito algum a única opção ou a mais provável. Qual intelectual, no entanto, nos mostrou por que o terrorismo se tornou o caminho escolhido por aqueles que o seguem? Por que ele cresce em nossos dias? Quais resultados, bons ou maus, nos aguardam? Para nem falar do que poderia ser feito para freá-lo – pois as alternativas existem e são abraçadas por muitos muçulmanos e não muçulmanos. Apesar de uma pletora de análises tentando identificar fatores estruturais ou conjunturais que poderiam parcialmente explicar o fenômeno do terror jihadista, poucos endereçam o problema da fonte de atração que o jihadismo consegue exercer. O enfoque nas causas abstratas (sejam estas de natureza classista, internacional ou cultural) de uma situação propícia à emergência do terrorismo e a falha em identificar os fatores específicos que levam cada vez mais jovens idealistas a abraçar o terror jihadista são a mancha cega de nossos intelectuais. Até agora a intelectualidade ocidental fracassou nas tentativas de entender as raízes do terror jihadista – e sem compreensão, não haverá estratégia! Sem terroristas, não há terrorismo.

Mas por que eles se tornam terroristas?

Encontrei há pouco num jornal holandês uma entrevista com um terrorista que disse em resumo: "Não matamos porque somos sanguinários. Não temos prazer em matar as pessoas. Mas o jihad deve continuar e alguém tem que assumir a tarefa".[32] O Estado Islâmico tem se tornado a organização terrorista mais bem-sucedida na história, combinando funções estatais com uma rede global de grupelhos extremistas antiocidentais, antidemocráticos e antimodernos. Tem uma estratégia específica e (até agora) particularmente eficaz para aterrorizar e desestabilizar a sociedade "diabólica" no Ocidente, na Índia hindu, na Nigéria cristã ou na Tailândia budista, ou ainda no bojo da própria comunidade muçulmana rotulada de "herege". Como grupos terroristas anteriores, o EI usa o método da exacerbação, propositalmente provocando reações islamofóbicas para destruir a "zona cinzenta" onde se constrói (a duras penas) a coexistência entre muçulmanos e outros. Não adianta tentar ofuscar o problema declarando que os militantes do ISIS "não são verdadeiros muçulmanos".[33] Isto é tão pouco esclarecedor quanto afirmar a infâmia oposta, de que "o Estado Islâmico faz o que todos os muçulmanos sonham fazer". A pergunta central é: quem se sente atraído e se mobiliza para participar desse grupo e por quê?

Ambas as leituras mencionadas por Roy, a terceiro-mundista da esquerda e a do choque das civilizações da direita, para serem comprovadas, exigiriam que uma maioria dos muçulmanos no mundo se alinhasse com o jihadismo. Ora, comprovadamente, isto não é o caso: apesar de críticas ao Ocidente, a grande maioria dos muçulmanos ao redor do mundo rejeita o terrorismo firmemente.[34] Apenas uma pequena minoria se radicaliza e pega em armas contra o Ocidente ou contra seus correligionários supostamente "infectados" pelos micróbios ocidentais. Os ativistas do EI são geralmente jovens, relativamente educados, mas alienados da sociedade em que vivem. Na Europa, são jovens da segunda geração de imigrantes muçulmanos, que não se sentem aceitos pela sociedade ocidental que os circunda e que sentem-se discriminados e rejeitados.[35] Isto não quer dizer

---

32. Walzer (1992, p. 197-206); Ignatieff (2004).
33. Vermeulen (2016).
34. Ahmad (2015).
35. Esposito; Mogahed (2008).

que todos ou mesmo uma maioria dos radicalizados são pessoalmente vítimas de opressão: mais comumente se trata de uma superidentificação com o sofrimento de outros muçulmanos por meio de imagens televisivas, na internet e em mídias sociais. Por um lado, a exclusão é culpa da sociedade anfitriã; por outro, se deve a resistências culturais que existem nas minorias muçulmanas. Os valores que orientam a vida nas grandes cidades do Ocidente – consumismo, busca de prazeres, liberdade individual, sexual, de pensamento e religião – constituem, para a nova geração muçulmana, uma tentação permanente, ao mesmo tempo sedutora e repulsiva. Falamos de uma minoria que não mais se sente "em casa" na sua sociedade e num mundo cada vez mais incompreensível, caótico e que não lhes oferece um sentido na vida. Suicidando-se no ato de matar outros jovens num show musical ou num restaurante, eles não matam também uma parte de si mesmos: aquele lado que deseja o que exorcizam? Num artigo importante, o antropólogo Scott Atran analisa que o êxito do recrutamento em grupos islamitas extremistas se explica pela resposta que é oferecida a jovens em busca de pertencimento e de um ideal significativo, preenchendo com sua visão extremista um vazio de significado que a própria sociedade ocidental não sabe resolver. É a ideologia de redenção e a fusão psicológica com um grupo de "colegas" que acreditam no mesmo ideal que gera a mobilização até a morte, e que é a máquina do terrorismo. Atran lembra o encantatório "vocês querem manteiga ou canhões?" de Goebbels e Hitler, frase que hipnotizou milhões de alemães com uma visão de sacrifício por um ideal – mais do que com promessas de prosperidade.[36]

O jihad é uma revolução e, como aponta Atran, cada revolução é um evento moral. Os jovens muçulmanos, tanto aqueles que saem para se juntar ao Estado Islâmico na Síria quanto os que ficam no Ocidente obedecendo ao seu apelo para levar o jihad para casa, não sacrificam vidas (sua e dos outros) por egoísmo, mas em nome de um ideal. O Estado Islâmico funciona aqui como um tipo de Sião islamita, um país ideal, inspirador e fonte de emulação. Identificar como raiz do extremismo essa lacuna de um ideal crível é apontar uma fraqueza fundamental na sociedade moderna em geral – algo que vai além da problemática situação social específica da juventude muçulmana e dos demais crescentes cortes de excluídos. No Ocidente, a democracia hiperindividualista pós-cristã e pós-socialista obceca-

---

36. Cf. Kepel (2015).

da pela busca de meios materiais e hedonismo não conseguiu responder à falta de fins, de significado e de transcendência. Sofre da falta de um "ismo" mobilizador. Obviamente é mais fácil bombardear o Estado Islâmico na Síria e no Iraque do que integrar os alienados do Ocidente em risco de radicalização através de uma nova visão. Mas essa segunda estratégia seria mais eficaz contra o terrorismo.

A minoria radicalizada de jovens muçulmanos que se engaja no terrorismo jihadi conta com uma periferia social, alienados simpatizantes e radicalizáveis que poderiam se descolar das suas famílias e comunidades a ponto de entrarem nas fileiras do jihadismo. E o risco não se limita à própria comunidade muçulmana. Ao lado do grupo específico de muçulmanos da segunda geração, encontramos entre os jihadistas também uma altíssima taxa de convertidos de ascendência europeia. A não ser que seja combatido com uma utopia alternativa mais convincente, o idealismo jihadi, em guerra contra a modernidade secular pautada pelos direitos humanos, pode afetar outros muçulmanos e não muçulmanos.

Obviamente tanto o contexto global pós-colonial quanto problemas intrarreligiosos exercem um certo papel na gênese do terrorismo. Porém, em primeiro lugar, como Roy observa, "não se trata da radicalização do islã mas da islamização da radicalidade".[37] Em outras palavras, a atração pelo terrorismo se explica menos pelo islã como religião que pelo enfraquecimento de outras ideologias radicais tais como a extrema esquerda, que deixou o islamismo "predominante no mercado radical". Os mesmos jovens idealistas que gravitaram há uma geração para as Brigadas Vermelhas ou para Che Guevara são hoje absorvidos pelo jihadismo. Poderiam as minorias muçulmanas no Ocidente aglutinar outros grupos de excluídos e alienados para eventualmente substituir o proletariado como o famoso sujeito perdido da emancipação?[38]

Considerações: a tarefa da intelectualidade

No início deste artigo perguntei se intelectuais públicos têm contribuído com propostas estratégicas para combater o terrorismo. Infelizmente, somos

---

37. Atran (2015).
38. Cf. Keucheyan (2013).

obrigados a concluir que a resposta deve ser um "não" qualificado. Se entendemos hoje muito sobre o terrorismo, devemos isso mais a pesquisadores geralmente pouco glamourosos e/ou popularizados pelas mídias.

O fascínio de uma parcela significativa de jovens muçulmanos pelo jihad como ideal nos ajuda a entender tanto o ímpeto do terrorismo quanto a impotência de muitos intelectuais. Afinal, pensar ideias e ideais para a sociedade, e eventualmente desenvolver novos pensamentos, é a tarefa por excelência dos intelectuais públicos. O mesmo fascínio também sugere como a intelectualidade poderia pensar uma resposta ao desafio. O terrorista – anarquista ou nacionalista ontem, fundamentalista religioso hoje – exerce sobre certos intelectuais um fascínio porque ele ousa atuar por idealismo. Este fascínio é semelhante ao que ele exerce sobre seus próprios recrutas. Há em cada jihadista também um pouco do intelectual público, só que ele não apenas pontifica, mas atua. Numa conjuntura de ausência de alternativas ideológicas, a tarefa de nossos intelectuais é explicitar e rejeitar essa correlação subterrânea e desenvolver um novo ideal que possa substituir a atração do terror. Tentando isso, porém, eles enfrentarão o desafio da credibilidade. Terroristas estão hoje entre aqueles que aplicam o que pregam, cuja prática reflete sua teoria. Líderes políticos, religiosos e intelectuais ganham credibilidade na medida em que estão dispostos a sofrer por suas convicções, em que exerçam o "*walk the talk*" (agir conforme o discurso). Na medida em que não o fazem, são desmascarados como oportunistas, palhaços ou criminosos. Essa equação valeu tanto para Trotski, Gandhi, Mandela ou Martin Luther King quanto para Hitler e Osama bin Laden. Nesse sentido os homens-bomba são os ideólogos supremos e seu martírio, a mais imbatível propaganda. Infelizmente, no quesito assumir os custos pessoais de suas posturas públicas, o histórico de muitos intelectuais deixa bastante a desejar.

Referências

AFARY, J.; ANDERSON, K. *Foucault and the Iranian Revolution:* Gender and the Seductions of Islamism. University of Chicago Press: Chicago and London, 2005.

AHMED, N. M. ISIS wants to destroy the "grey zone". Here's how we defend it. *OpenDemocracy*, 16 November 2015. Disponível em: <https://www.opendemocracy.net/nafeez-ahmed/isis-wants-destroy-greyzone-how-we-defend>. Acesso em: 25 out. 2017.

ATRAN, S. "ISIS is a revolution". Disponível em: <https://aeon.co/essays/why-isis-has-the-potential-to-be-a-world-altering-revolution>. Acesso em: 25 out. 2017.

BAUDRILLARD, J. *The spirit of terrorism*. New revised edition. London and New York: Verso, 2003.

BERWICK, A. *2083*: A European declaration of Independence. London, 2011.

CHOMSKY, N. *Noam Chomsky Slams West's Charlie Hebdo Outrage:* "Many Journalists Were Killed by Israel in Gaza Too". Disponível em: <http://www.alternet.org/media/noam-chomsky-slams-wests-charlie-hebdo-outrage-many-journalists-were-killed-israel-gaza-too>. Acesso em: 25 out. 2017.

_____. HERMAN, E. S. *The political economy of human rights*. Black Rose Books, 1979.

ESPOSITO, J. L.; MOGAHED, D. *Who Speaks For Islam?* What a Billion Muslims Really Think. Gallup Press, 2008.

FANON, F. *Les damnés de la terre*. Préface de Jean-Paul Sartre. Paris: La Découverte, 2002 (1961).

FARIAS, V. *Heidegger and Nazism*. Temple University Press, 1989.

GRAY, J. *Al-Qaeda and What it Means to be Modern*. The New Press, 2005.

HOFFMAN, B. *Inside Terrorism*. New York: Columbia University Press, 1998.

HONDERICH, T. *After the terror*. Montreal: McGill-Queen's University Press, 2003.

HUNTINGTON, S. *The Third Wave:* Democratization in the Late Twentieth Century. University of Oklahoma Press, 1991.

_____. The Clash of Civilizations? *Foreign Affairs* 7, 3, summer 1993, p. 22-49.

IGNATIEFF, M. *The lesser evil:* Political ethics in an age of terror. Princeton and Oxford: Princeton University Press, 2004.

JACOBY, R. *The last intellectuals:* American culture in the age of academe. New York: Basic Books, 2000 (1987).

KEUCHEYAN, R. *The Left Hemisphere:* Mapping Critical Theory Today. London and New York: Verso, 2013.

LEWIS, B. *The crisis of Islam:* Holy War and Unholy Terror. Random House, 2003.

LILLA, M. *The reckless mind:* Intellectuals in politics. New York: NYRB, 2001.

MAMDANI, M. *Good Muslim, Bad Muslim:* America, the Cold War, and the Roots of Terror. Harmony, 2005.

MESTROVIC, S. G. *Anthony Giddens:* The last modernist. London and New York: Routledge, 1998.

NUSSBAUM, M. Veiled threats? *New York Times*, July 11, 2010.

POSNER, R. *Public intellectuals:* A study of decline. Cambridge, MA and London: Harvard University Press, 2001.

ROY, O. Une revolte générationelle et nihiliste. Djihadisme: 100 pages pour comprendre. *Le Monde*, Hors-Série, Janvier-Mars, 2016, p. 14-17. Disponível em: <http://www.lemonde.fr/idees/article/2015/11/24/le-djihadisme-une-revolte-generationnelle-et-nihiliste_4815992_3232.html>. Acesso em: 25 out. 2017.

SCHMID, A. et. al. *Political terrorism:* a new guide to actors, authors, concepts, data bases, theories, and literature. Amsterdam: Transaction Books, 1988.

SOWELL, T. *Intellectuals and society*. New York: Basic Books, 2009.

TODD, E. *Qui est Charlie?* Sociologie d'une crise religieuse. Paris: Seuil, 2015.

VERMEULEN, M. "Het brein van de terrorist". *De Volkskrant*, Amsterdam, 23 jan. 2016, p. 41.

WALZER, M. *Just and unjust wars:* A moral argument with historical illustrations. New York: Basic Books, 1992 (1977).

WOLIN, R. (Ed.) *The Heidegger controversy:* A critical reader. Cambridge and London: MIT, 1998 (1993).

ZIZEK, S. Foreword: The Dark Matter of Violence, Or, Putting Terror in Perspective. In: WAHNICH, S. *In defense of the terror:* Liberty and death in the French Revolution. New York and London: Verso, 2012, p. xi-xxxi.

■ Terrorismo e os desafios da sociedade (in)civil global

Terrorismo e os desafios da sociedade (in)civil global[1]

Jorge M. Lasmar e Guilherme Damasceno Fonseca[2]

É fato que grupos como o Estado Islâmico têm explorado, com grande sucesso, redes sociais e canais virtuais na difusão de suas ideias radicais. O poder de atração que essas ideologias radicais têm exercido sobre indivíduos residentes na Europa, Oriente Médio, Ásia e norte da África não pode ser explicado somente por fatores materiais como a facilidade de acesso às zonas de conflito, fronteiras porosas, países vizinhos pouco dispostos a impedir o fluxo de voluntários ou mesmo uma comunidade europeia com dificuldades de coordenar esforços conjuntos para impedir a viagem de seus cidadãos. Em realidade, grande parte do sucesso dessa narrativa pode ser explicada pelo seu poder de construir um sentimento de pertença a uma comunidade com valores compartilhados e identidade comum. Assim, podemos pensar que essas narrativas radicais, apesar de seu discurso voltado para o retorno das tradições, são um fenômeno extremamente moderno que explora o lado perverso da globalização e acabam por construir uma verdadeira sociedade "incivil" global.

---

1. Este texto corresponde à fala de Jorge Mascarenhas Lasmar e de Guilherme Damasceno proferida durante a Conferência.
2. Jorge Mascarenhas Lasmar é Doutor em Relações Internacionais pela London School of Economics and Political Science, LSE, Reino Unido, professor do Programa de Pós-Graduação em Relações Internacionais da PUC Minas e Professor Titular de Direito Internacional das Faculdades Milton Campos. Guilherme Damasceno é mestre em Relações Internacionais pela PUC Minas e pesquisador do Grupo de Pesquisa Colaborativa em Terrorismo e Violência Política do Terrorism Research Initiative.

A globalização, ao enfraquecer as fronteiras estatais como "contêineres de identidade", acaba por potencializar o conflito entre ideias antagônicas como a de Estado-nação – cujo parâmetro de atuação da soberania era seu território – e o conceito de Ummah – uma ideia de construção social cujo domínio não é exercido de acordo com o aspecto territorial (Roy, 2004). Assim, as mudanças trazidas pela globalização enfraquecem as fronteiras estatais e incentivam um processo de redefinição das identidades e busca por autoafirmação (Roy, 2004). Neste contexto, apesar de reconhecermos que o crescimento do terrorismo é multicausal (Alvi, 2014), abordaremos alguns dos efeitos macro que tentam explicar o porquê de narrativas radicalizadas terem encontrado tanto sucesso nesse processo de redefinição de identidades e resultam na construção de uma verdadeira sociedade incivil global.

Os efeitos colaterais da globalização na formação de uma sociedade incivil global

A globalização e o enorme avanço tecnológico, especialmente o relacionado às comunicações, ajudam a explicar as proporções do atual fenômeno de radicalização. A internet e as redes sociais desempenham um papel crucial no recrutamento e na divulgação da ideologia dos grupos terroristas (Sterner, Berger, 2015a). Além disso, a globalização ajudou a diminuir distâncias, enfraqueceu fronteiras e, especialmente após o 11 de Setembro, incentivou uma retomada da religião na agenda internacional. Durante esse processo, muçulmanos vivendo em países não islâmicos se viram em busca de uma autoafirmação, tentando construir um islã universal e buscando uma identidade religiosa não ligada a nenhuma cultura. A globalização, portanto, fortaleceu vínculos de uma identidade transnacional entre muçulmanos de todo o mundo, fortalecendo o conceito de Ummah e enfraquecendo a ideia de Estado enquanto contêineres de identidade e lealdade (Roy, 2004). Essa é uma tendência global verificada até mesmo em países com populações muçulmanas proporcionalmente pequenas como o Brasil. Castro (2007) observa que o mesmo ocorre no Brasil:

> O Brasil, apesar de ser apontado como mais "tolerante" em comparação a outras sociedades hospedeiras, entre outras razões pelo fato de ser herdeiro da plasticidade do português, ainda se esforça no sentido de tentar

homogeneizar os indivíduos, dando margem a membros de uma minoria muçulmana alegarem ser o Brasil "um país que não tolera o diferente". A globalização não traz, no entanto, apenas as consequências negativas do "antimuslimism", ela também permite o estreitamento de laços da diáspora com o país de origem e demais membros da *Ummah* (Castro, 2007, p. 129).

É importante ressaltarmos que esse processo de incremento do vínculo entre os praticantes e a busca por uma religião "pura", que tem alavancado o crescimento do fundamentalismo, não é uma exclusividade do islã (Roy, 2004). De fato, todas as religiões têm vivido (em maior ou menor grau) um movimento pelo qual a identidade religiosa passou a prevalecer ou concorrer com outras formas de identidade seculares associadas aos Estados-nação. Cada vez mais, um dos efeitos da globalização e do surgimento de uma sociedade civil global é o incremento na associação entre a religião e as identidades individuais e coletivas (Roy, 2004).

Nesse processo, ressentimentos sobre as políticas locais e globais, além de uma percepção (real ou não) de injustiça, podem vir a ser politicamente utilizados como instrumentos de mobilização social. De fato, grupos terroristas têm instrumentalmente explorado sentimentos de injustiça e exclusão social como um poderoso fator de motivação para o ingresso em grupos terroristas (Schmid, 2013). Porém, é importante não exagerarmos o papel da injustiça e exclusão social como causa do terrorismo. A evidência empírica demonstra que uma grande parcela de indivíduos voluntários que se junta a estes grupos tem pouco conhecimento sobre a religião, questões de política internacional ou mesmo sobre a geopolítica regional do Oriente Médio (Neumann, 2015; Stern; Berger, 2015a; Coolsaet, 2015). Ademais, o impacto da exclusão econômica sobre a decisão de se juntar a um grupo terrorista não tem sido uniforme. Charles Lister, por exemplo, aponta que, apesar de fatores socioeconômicos e desespero terem sido identificados como fortes motivadores na atração de voluntários oriundos de países do Oriente Médio, isso não se aplica a voluntários ocidentais (2014). Da mesma forma, ao contrário do senso comum, pesquisas empíricas que investigaram as motivações que levaram voluntários a se juntarem a grupos terroristas revelam que fatores socioeconômicos como pobreza e desemprego não constituem causas necessárias e suficientes para o terrorismo e nem apresentam uma relação causal direta com a decisão desses indivíduos (Kruglanski et al, 2013). Tais fatores são melhores entendidos como eventos-gatilho ou catalizadores do processo, uma vez que não necessariamente coincidem com a real motivação desses voluntários (Crenshaw, 1981). O que se tem observado é que essas causas servem, muitas vezes, como "desculpas" para esconder motivações não tão altruísticas. Peter Neumann demonstra que entrevistas com indivíduos que retornaram do Estado Islâmico revelaram um grande esforço desses voluntários em esconder em suas narrativas motivações menos "nobres", como dinheiro, armas ou mesmo mulheres (2015).

No entanto, embora certamente essa teoria explique parte do fenômeno, a falta de integração social não é capaz de explicar todos os casos de radicalização e muito menos ser considerada como causa suficiente para a decisão de se juntar a um grupo terrorista (Roy; Truong, 2014). Primeiro porque a teoria da exclusão social pode ser uma generalização errônea. Para Roy, os europeus muçulmanos descendentes de imigrantes, bem como grande parte dos combatentes estrangeiros, dão claros sinais de integração com a "cultura ocidental" (Roy, 2004b). A primeira leva de estrangeiros franceses que se juntaram na luta contra Assad, por exemplo, defendia a posição do governo francês que expressamente apoiava a derrubada do ditador (Roy; Truong, 2014). Quinze por cento do exército francês que luta contra a Al-Qaeda no Mali e contra o Talebã no Afeganistão é composto de franceses muçulmanos, não havendo registros de sabotagem ou deserção (Roy; Truong, 2014). Além disso, muitos estrangeiros que chegam à Síria e ao Iraque se desiludem com a falta de condições, reclamam do sinal de internet, usam redes sociais por meio de smartphones, escutam hip hop e postam fotos no Instagram vestindo roupas de marcas ocidentais. Maher, entende que a questão da integração não pode ser generalizada, uma vez que os muçulmanos britânicos "... são uns dos mais bem integrados da Europa. Nós temos políticos muçulmanos de alto nível, inclusive ministros, formadores de opinião e jornalistas" (Weaver, 2015). Em segundo lugar, ainda que a maioria dos muçulmanos europeus não conseguisse se integrar, a premissa de que a falta de integração conduz ao radicalismo é falsa, ou teríamos um número significativamente maior de indivíduos europeus nesses grupos (Roy; Truong, 2014). Em terceiro lugar, do ponto de vista subjetivo e psicológico, outras motivações explicam melhor as necessidades conscientes e inconscientes dos indivíduos durante o processo de tomada de decisão. Essas motivações podem ser desencadeadas por mecanismos relacionados indiretamente aos resultados de uma integração incompleta, a qual, portanto, não explica por si só a decisão de abandonar o lar para apoiar ou lutar uma guerra que não lhes pertence. Para Roy:

> Este perfil ocidental não é somente uma função da situação sociológica, mas também uma condição para seu sucesso: eles vivem em total imersão em uma sociedade ocidental. A força e a fraqueza dos radicais islâmicos estão precisamente na sua falta de raízes com a população europeia muçulmana. As vantagens são que eles dificilmente são identificados pela polícia antes de agir ou monitorados por infiltrações policiais na população muçulmana local. É também difícil penetrar em suas redes porque eles estão isolados do mundo externo e são altamente dinâmicos. Mas a fraqueza é a dificuldade de recrutamento e logística porque não se relacionam bem com o cidadão muçulmano padrão (Roy, 2004b, p. 79, tradução nossa).

Ainda segundo Roy (2004b), os indivíduos da Europa ocidental que ingressam em grupos terroristas podem ser divididos "grosseiramente" em três categorias:

> A primeira categoria é aquela formada por jovens do Oriente Médio que vêm à Europa como estudantes, a maioria de disciplinas contemporâneas, os quais falam árabe e são oriundos de famílias de classe média. Os pilotos do 11 de setembro são excelentes exemplos dessa primeira categoria, que frequentemente são muçulmanos que "ressuscitam" sua fé somente após vir para a Europa e antes de se juntar a um grupo radical.

> A segunda é composta de muçulmanos europeus de segunda geração, alguns educados e outros que largaram a escola, que frequentemente vêm de vizinhanças menos favorecidas. Eles falam idiomas europeus como suas línguas principais e com frequência são cidadãos europeus.

> A terceira categoria, a menor delas, mas não necessariamente em importância, é composta por convertidos dentre os quais muitos convertidos enquanto estavam presos (Roy, 2004b, p. 78, tradução nossa).

A conclusão que chegamos, portanto, é que aqueles que se radicalizam e ingressam nesta sociedade incivil global não são necessariamente os indivíduos mal integrados na sociedade ocidental. Ao contrário, a narrativa radicalizada de grupos como a Al-Qaeda e o Estado Islâmico tem encontrado apelo exatamente entre aqueles que não se integraram bem à própria população muçulmana europeia (Roy, 2004).

Da mesma forma, outros efeitos colaterais da globalização contribuem para essa dinâmica. O discurso do conflito entre civilizações, bem como a polarização e radicalização de opiniões que vão da direita ultraconservadora a uma interpretação radicalizada do islã, potencializa a dinâmica de construção de identidades construídas em conflito umas com as outras (Roy, 2008). Há, portanto, uma retroalimentação, uma relação dialética entre a polarização das opiniões e os processos identitários e decisórios que levam as pessoas a apoiar grupos ou ideologias violentas de qualquer matiz. Esta situação é ainda agravada pela atual crise humanitária, envolvendo refugiados, o que reforça as perigosas associações e generalizações que, errônea e irresponsavelmente, igualam "imigrantes", "refugiados", "muçulmanos" e "terroristas" (Coolsaet, 2015). Essa polarização do debate, trazida à tona como um dos efeitos perversos da globalização, enfraquece os valores liberais e acaba por fortalecer os próprios discursos e táticas de recrutamento de grupos extremistas. Ademais, ao se radicalizar e restringir direitos e garantias fundamentais em nome de um combate ao terrorismo, o Ocidente acaba muitas vezes colocando em xeque os próprios valores liberais e democráticos que diz defender (Donohue, 2008).

Do ponto de vista das narrativas dos grupos terroristas, a construção de uma identidade transnacional radical, contrária ao Ocidente como cultura e estilo de vida, acaba por tentar construir uma verdadeira sociedade incivil global. Esse fenômeno está relacionado com outro importante aspecto que ajuda a explicar a atração de tantos jovens, principalmente com relação aos ocidentais. Aceitar a existência dessas identidades radicais, bem como entender o seu uso político por militantes, pode nos ajudar a compreender melhor o papel que fatores sociais e psicológicos exercem nesse processo. Dinâmicas de grupo, a busca por "iguais" e por aceitação, a necessidade de encontrar um sentido para suas vidas através de uma nova identidade, a existências de cidades ou bairros com um alto número de radicalizados, a propagação e aceitação de ideologias radicais por jovens vulneráveis são exemplos dessas dinâmicas. A consolidação dessa sociedade incivil também está relacionada com um aspecto geracional que se manifesta em vários níveis. Em primeiro lugar, como destaca Coolsaet, vivemos atualmente em um ambiente de pessimismo mais intenso, no qual os jovens de hoje estão submetidos a uma pressão maior do que os jovens de décadas anteriores estavam. Isso é especialmente verdade em relação àqueles jovens que se encontram em meio às parcelas menos favorecidas da sociedade (Coolsaet, 2015). Em tempos de polarização de opiniões, a intensa exploração pela mídia mundial de atentados terroristas reforça ainda mais estereótipos negativos dos imigrantes, refugiados e mesmo das minorias muçulmanas. O resultado é que uma parcela dos cidadãos não praticantes e liberais que antes se identificavam com seus estados passa a adotar, defensivamente, outras lealdades, com sua religião como principal marcador de identidade.

Roy argumenta ainda que o tipo de jovem que é atraído hoje por essas ideologias radicais tem o mesmo perfil dos jovens que participavam de grupos radicais de extrema esquerda nas décadas de 1960 e 1970. Com os efeitos perversos da globalização se tornando mais evidentes e com o descrédito de ideologias alternativas ao capitalismo, abre-se um espaço para que essas ideologias radicais sejam percebidas como um movimento de contracultura e ganhem espaço sobre outras contraculturas e ideologias de contestação do *status quo*. Esse processo é acelerado pela intensa exposição que tais ideologias recebem da mída. Com maior exposição midiática e rápida interação por meio das mídias sociais, narrativas terroristas são capazes de oferecer pronto acesso a discussões intelectuais e apresentar oportunidades para aqueles que buscam ação e adrenalina. Mas, ainda mais relevante, o meio virtual se torna muito mais do que um meio de comunicação e difusão de ideias. A facilidade de uma pronta e direta interação com indivíduos que pertecem a tais grupos em plataformas como o Twitter oferece a esses jovens a possibilidade de compartilharem elementos de identidade e o sentimento de pertencerem plenamente a uma comunidade transnacional. Essa interação e sentimento de pertença seduz alguns jovens ao oferecer a ilusão de que "vítimas da sociedade" ou "perdedores" podem se tornar "vencedores" ao integrarem um seleto grupo de escolhidos que o aceita e o respeita. A existência desse sentimento de que o indivíduo faz parte de uma comunidade ou sociedade incivis também fornece um meio onde ele encontrará ajuda, outras pessoas com sentimentos semelhantes e um espaço onde pode transformar suas necessidades e motivações individuais em necessidades coletivas, fazendo parte de uma "causa maior" (Hemmingsen, 2010). É interessante ressaltar, contudo, que esses indivíduos se veem como ativistas que atuam no presente para transformá-lo, mas sua visão de futuro é ainda mais utópica do que a de seus antecessores.

Um exemplo desse processo é a narrativa do Estado Islâmico. Tal grupo constrói marcadores identitários, símbolos e imagens fortes, além de narrativas apocalípticas que reforçam o discurso de uma batalha de poucos, travada somente por aqueles seletos escolhidos com a clarividência necessária para enxergar a importância do momento histórico e a obrigação de "lutar contra um mal maior". Manifestações culturais do grupo, tais como produções audiovisuais, músicas e poemas, são deliberadamente desenhadas para aumentar a coesão do grupo ao mesmo tempo que os protege de infiltrações e atrai novos voluntários. Dentre esses aspectos culturais, é relevante a existência de uma imagem mítica do guerreiro estrangeiro que abandona tudo para defender a Ummah com a própria vida, tornando-se um herói.

Por fim, é importante ressaltar que alguns estudiosos apontam que a violência terrorista apresenta aspectos comportamentais próximos da delinquência ordinária, típica de gangues de rua (Roy, 2008). Independentemente de concordarmos ou não com o argumento, é relevante que entrevistas com voluntários estrangeiros do Estado Islâmico revelem alguns indícios de que a fascinação pela violência não está relacionada à religião. Muitos dos voluntários têm passagens criminais anteriores ao envolvimento com o terrorismo e se converteram ao islã muito pouco tempo antes da decisão de partir para zonas de conflito como a Síria. Por outro lado, da mesma maneira que pequenos criminosos muitas vezes aderem à cultura de gangues como subterfúgio para encontrar compreensão, companheirismo e uma maneira de desafiar o "sistema", muitos voluntários do Estado Islâmico ou lobos solitários ocidentais também parecem estar mais interessados no valor simbólico de seus atos do que no sucesso de um objetivo político ou religioso. Portanto, a abordagem da cultura jihadista parece explicar a atração pela causa radical de uma forma racional ou instrumental, uma vez que, ainda que inconscientemente, os indivíduos percebem benefícios de passar a fazer parte desse grupo. Por outro lado, uma vez dentro do grupo e "contaminado" pela narrativa e ideologia radicais, é possível que as ações de parte desses voluntários estejam mais impregnadas de simbologia e identidade do que instrumentalidade.

Considerações finais

Fatores socioeconômicos e suas consequências, ainda que ajudem a explicar muitos casos de radicalização, não são causas suficientes para explicar o fenômeno. Condições como a pobreza ou a falta de oportunidades geram sentimentos diversos em pessoas distintas. É possível, portanto, que outros aspectos de natureza não material, diferentes níveis de frustração ou mesmo reações diferentes frente a circunstâncias adversas tenham um maior potencial de explicar por que apenas um pequeno grupo toma a decisão extrema de se juntar a um grupo terrorista. Da mesma maneira, em termos de globalização, eventos e fatores externos relacionados à política internacional e à geopolítica regional, ainda que normalmente usados pela propaganda de grupos terroristas, dificilmente são as reais motivações da decisão de se unir a um desses grupos. Pesquisas realizadas com indivíduos que migraram para o conflito na Síria e Iraque identificaram jovens ingênuos politicamente, com pouco conhecimento religioso, histórico, e da geopolítica do Oriente Médio, embora fosse visível neles uma rejeição ao Ocidente e à sua cultura (Atran, 2010; Neumann, 2015; Stern, Berger, 2015a). Essa negação do Ocidente como cultura e estilo de vida está relacionada a outro importante aspecto que ajuda a explicar a atração de tantos jovens, principalmente com relação aos ocidentais.

A narrativa de grupos terroristas tem aproveitado os lados perversos da globalização, desenhada de maneira deliberada para seduzir potenciais voluntários, oferecendo elementos de uma identidade globalizada não confinada por fronteiras ou lealdades nacionais. A vida do terrorista é apresentada de maneira romantizada, como um estilo de vida que promete ao Mujahideen aventuras, códigos e valores de um heroísmo medieval, além do sentimento de pertença a uma comunidade seleta. Isso pode ser captado facilmente nas letras das poesias jihadistas e nas "Nasheed", termo em árabe dado ao estilo de música presente em praticamente todas as produções audiovisuais do Estado Islâmico (Hegghammer, 2015). A figura do indivíduo como herói mítico é ainda reforçada pela apresentação de fatos históricos descontextualizados (Fredholm, 2012). Tudo isso transforma, do ponto de vista cultural, a narrativa do grupo em uma ferramenta de atração ainda mais poderosa do que a ideologia em si, uma vez que permite a indivíduos desconectados de suas sociedades se conectarem a uma causa maior e se integrarem em uma sociedade incivil global (Roy, 2008). É interessante notar que, apesar da narrativa medieval, esses são elementos modernos que se utilizam de ferramentas modernas. A figura mítica do Mujahideen, por exemplo, passou a figurar em estampas de camisetas vendidas pela internet, chegando a ser comparada à clássica figura de Che Guevara comumente estampada nas camisetas dos simpatizantes de movimentos de esquerda.

Assim, aceitar a existência de uma sociedade incivil global, bem como entender como grupos terroristas adotam políticas de identidade, pode nos ajudar a compreender e melhor combater esse fenômeno e evitar generalizações perigosas. Do ponto de vista ocidental, mais uma vez, as causas do surgimento de uma sociedade incivil global não parecem estar ligadas à religião ou a uma suposta falta de integração econômica. Pelo contrário. Sua origem parece estar sim relacionada a uma busca de identidade marcada por um profundo desconhecimento da religião e dos valores sociais e culturais que norteiam tanto o mundo islâmico quanto o mundo ocidental.

Referências

ALVI, H. The Diffusion of Intra Islamic Violence and Terrorism: The Impact of the Proliferation of Salafi/Wahhabi Ideologies. *Middle East Review of International Affairs*, v. 18, n. 2, Summer 2014.

ATRAN, S. *Talking To the Enemy*: Religion, Brotherhood, and the (Un) Making of Terrorists. New York: Harpers Collins Publishers, 2010.

CASTRO, M. C. de. *A Construção de Identidades Muçulmanas no Brasil*: Um Estudo das Comunidades Sunitas da Cidade de Campinas e do Bairro Paulistano do Brás. São Carlos, 2007. Tese (Doutorado). Universidade Federal de São Carlos. São Carlos. 2007.

COOLSAET, R. *What Drives Europeans to Syria And to IS?* Insights From the Belgian Case. Egmont, Egmont Paper 75, June 30th, 2015.

CRENSHAW, M. The Causes of Terrorism. *Comparative Politics*, v. 13, n. 4, Jul. 1981, p. 379-399.

DONOHUE, L. *The Cost of Counterterrorism*. Cambridge: Cambridge University Press, 2008.

FREDHOLM, M. A Narrative of Heroes – In the Head of the Contemporary Jihadist. *Terrorism*: An Eletronic Journal and Knowledge Base, Stockholm University, v. 1, n. 1, Aug. 2012.

HEGGHAMMER, T. Should I Stay or Should I Go? Explaining Variation in Western Jihadists – Choice Between Domestic and Foreign Fighting. *American Political Science Review*, Febr. 2013.

HEMMINGSEN, A.-S. Viewing Jihadism as a Counterculture: Potential and Limitations. *Behavioral Sciences of Terrorism and Political Aggression*, v. 7, issue 1, 2015.

KRUGLANSKI, A. *Psychology Not Theology*: Overcoming ISIS' Secret Appeal. 2014. Disponível em: <http://www.e-ir.info/2014/10/28/psychology-not-theology-overcoming-isis-secret-appeal/>. Acesso em: 26 out. 2017.

LISTER, C. Profiling Islamic State. *Brookings Doha Center Analysis Paper*, nov. 2014.

NEUMANN, P. Victims, Perpetrators, Assets: The Narratives of Islamic State Defectors. *ICSR-Report*, 2015.

ROY, O. *Globalized Islam The Search For a New Ummah*. London: Hurst&Company, 2004a.

_____. The Challenge of Euro Islam. In: GARFINKLE, A. (Ed.). *A Practical Guide to Winning the War on Terrorism*. Stanford: Hoover Institution Press, 2004b, p. 77-88.

_____. *Muslim Radicals Are Perfectly "Westernised"*. Qantara, 2008. Disponível em: <http://en.qantara.de/content/interview-with-olivier-roy-muslim-radicals-are-perfectly-westernised>. Acesso em: 29 out. 2015.

_____; TRUONG, N. *The Attractions of Jihadism, and a Generational Nihilism Stretching far Beyond the Muslim Sphere*. 2014. Disponível em:<https://www.opendemocracy.net/can-europe-make-it/olivier-roy-nicholas-truong/attractions-of-jihadism-and-generational-nihilism-str>. Acesso em: 26 out. 2017.

SCHMID, A. *Radicalisation, De-Radicalisation, Counter-Radicalisation*: A Conceptual Discussion and Literature Review. The International Centre for Counter-Terrorism (ICCT) – The Hague, 2015.

STERN, J.; BERGER, J. M. *ISIS*: The State of Terror. New York: HapperCollins Publishers Inc., 2015a.

_____; _____. Thugs Wanted – Bring Your Own Boots: How Isis Attracts Foreign Fighters to Its Twisted Utopia. *The Guardian*, March 9th, 2015b.

WEAVER, M. A. Her Majesty's Jihadists. *New York Times Magazine*. April 14th, 2015.

■ O papel de líderes de opinião na promoção da paz mundial

O papel de líderes de opinião na promoção da paz mundial[1]

Kerim Balci[2]

Na entrada da sede do Grupo Zaman de Mídia em Istambul, agora sob o comando de um gestor interino indicado pelo governo turco, ouvi de uma senhora americana de origem assíria o que um verdadeiro líder de opinião quer dizer. Conversando sobre o senhor Fethullah Gülen, ela me disse que a maioria das pessoas é como folhas de árvores que mudam de direção de acordo com o vento. "Poucas pessoas podem pensar em mudar a direção do vento", ela me disse e acrescentou: "Fethullah Gülen é uma dessas raras pessoas. Não só você, que segue sua liderança, como o mundo todo precisa dele".

Líderes de opinião guiam nossas opiniões. Um líder político ou religioso que tem opiniões fortes não é necessariamente um líder de opinião. A história humana é um cemitério de mentes brilhantes que tiveram milhares de projetos sem qualquer seguidor. Líderes de opinião não nos fazem pensar coisas que não podemos pensar sem eles. Eles nos fazem acreditar no que nós mesmos po-

---

1. Este texto corresponde à fala de Kerim Balci proferida durante a Conferência.
2. É escritor turco, jornalista e acadêmico, nascido em 1971. Editor-chefe da revista Turkish Review, publicação turca bimestral publicada pelo Zaman Media Group da Turquia. Colunista no jornal Zaman e Today's Zaman. Especialista em relações internacionais e Oriente Médio. Estudou Física, Ciência Política e Relações Internacionais na Universidade do Bósforo, da Turquia. É mestre pela Universidade Hebraica de Jerusalém e doutorando na Universidade de Durham do Reino Unido em Filosofia da Linguagem.

demos pensar, mas em que não podemos acreditar sem eles. Tenho observado as relações árabe-israelenses há uma geração. Encontrei gênios em ambos os lados do conflito que formularam roteiros para uma paz estável e viável; mas nenhum conseguiu convencer os israelenses e palestinos de que a paz é atingível. Na verdade, eles mesmos não acreditavam em seus próprios projetos.

Ao me ver como um *expert* sobre a política do Oriente Médio, as pessoas geralmente me perguntam se a paz algum dia conseguirá chegar à região. "Se nós pudermos criar uma nova geração em ambos os lados do conflito, que acredite que a paz não é um acidente na história, que acredite que guerras e conflitos são de fato acidentes de percurso no fluxo do tempo a que chamamos de história, que acredite que trabalhar pela paz é não tentar mudar o fluxo desse rio contra a corrente, mas que os pacificadores estão tentando fazer com que esse rio volte ao seu leito original, assim poderemos ter paz no Oriente Médio", eu respondo. O fundador da República da Turquia, Mustafa Kemal Ataturk, formulou sua política externa como "Paz em casa, paz no mundo". Eu prefiro dizer "Paz na mente, paz no mundo". O *cogito ergo sum* de Descartes é o famoso provérbio do paradigma científico moderno: Penso, logo existo. Eu prefiro dizer "Penso pacificamente, então a paz existe".

Apenas por meio das contribuições formativas de líderes de opinião é que poderemos limpar nossas mentes das dualidades exclusivistas das eras tribal e feudal e das ideias de polarização de identidades da modernidade. Israelenses e palestinos têm brigado por uma coisa: soberania sobre a Terra Santa. Ambos os lados argumentam que a Terra Santa pertence a eles. Não há solução para essas reivindicações conflitantes a não ser que se comece a perceber que a terra não pertence a nós, mas que nós pertencemos a ela. Perceber isso requer uma maneira completamente diferente de pensar, uma mudança de paradigma, para usar o termo de Kuhn.

Quem muda o paradigma? Como historiador do pensamento científico, a resposta de Kuhn é clara: Platão, Copérnico, Newton e Einstein... O teólogo alemão Hans Kung tomou os paradigmas científicos de Kuhn e os aplicou para o pensamento religioso. Sua lista inclui nomes como Noé, Abraão, Moisés, Jesus e Maomé. A lista de Kuhn inclui líderes de opinião que moldaram nossa percepção sobre o universo; a lista de Kung inclui nomes que moldaram nossa percepção sobre Deus; alguém pode preparar uma lista de líderes de opinião que moldem nossa percepção sobre essa condição.

Todos esses nomes são relevantes para uma discussão sobre a radicalização e o terrorismo. Mas o que é particularmente importante são os tipos de líderes de opinião que moldaram e podem moldar nossa percepção sobre o outro. Todos os conflitos humanos mesclam-se em um simples problema de percepção: nós tendemos a ver o outro como uma ameaça a nós mesmos. O que precisamos é de líderes de opinião que mudarão a direção do vento e nos farão acreditar que o outro é um elemento constitutivo de nós mesmos.

Não nos faltam cientistas sociais e antropólogos linguistas que falaram sobre diálogo e pluralismo. O século 20 viu nomes como Lev Tolstói, Martin Buber, Mikhail Bakhtin e Wilfred Cantwell Smith que falaram sobre uma percepção pacífica do outro. Mas foi apenas graças a nomes como Gandhi, na Índia, e Fethullah Gülen, na Turquia, que milhões de pessoas começaram a acreditar no que esses teóricos diziam. Nessa junção crítica da história humana, onde os terroristas de um lado e o erro da securitização de estados nacionais do outro nos empurram de volta para a dualidade cartesiana de nós *versus* eles, de volta à percepção de branco e preto do mundo, sem zonas cinzas no meio, nós precisamos de líderes de opinião que vão reafirmar nossa crença na paz e nos convencer de que nós não somos de fato brancos ou pretos, mas somos a feliz orquestra de uma multidão de cores.

Como isso vai acontecer? Faltam-nos líderes de opinião? Ou faltam mecanismos que façam com que esses líderes sejam ouvidos?

Um problema particular aqui é a falha em apreciar o trabalho feito pelos líderes de opinião muçulmanos contra a radicalização entre os de sua crença. Infelizmente, os maus trabalhos de islamitas radicais são excessivamente representados na mídia ocidental e oriental; e os bons trabalhos de autênticos muçulmanos são pouco representados. Quase sempre após um ataque terrorista que atinja o mundo ocidental, jornalistas e críticos ocidentais reclamam que eles não conseguem ouvir uma voz forte dos líderes religiosos muçulmanos. Bem, eles não estão em uma posição de ouvir passivamente; estão em uma posição de ativamente dar voz àqueles líderes religiosos muçulmanos.

O mesmo é verdade para a excessiva representação da islamofobia e os fomentadores do medo na mídia muçulmana e a pouca representação de vozes de diálogo do mundo não muçulmano. Nós ouvimos os comentários islamofóbicos de Donald Trump após os ataques de San Bernardino, ocorridos nos EUA; mas quem ouviu os padres e rabinos que foram às mesquitas locais naquela sexta-feira para mostrar sua simpatia pelas comunidades muçulmanas, temendo que elas pudessem ficar sujeitas à segregação e à perseguição?

Líderes de opinião podem ser promovidos e podem se desempenhar melhor sob democracias plenas e seculares, onde a liberdade de expressão é respeitada ao máximo em seus limites. O mundo muçulmano é abundante em eruditos sobre religião, mas eles não têm os solos férteis nos quais semear suas ideias. Universidades muçulmanas, madraças no mundo sunita e hawzehs no mundo xiita são monopolizadoras no tom e ditatoriais em sua atmosfera acadêmica. Eu acredito que a ligação entre a ditadura acadêmica e a ditadura política não é que a política crie a acadêmica, ao contrário, a ditadura acadêmica dá luz à ditadura política e garante sua continuação. A solução é clara: estabelecer instituições educacionais muçulmanas em países ocidentais democráticos.

Outro problema com os líderes de opinião é sua falha em perceber que nesta era de máxima conectividade eles nunca falam somente para suas comunidades. Pregadores muçulmanos pensam que pregam para a congregação da mesquita. Não, a congregação é apenas uma parte do público. O mundo em geral lá fora também está escutando. Há coisas que são consideravelmente compreensíveis para uma concentração muçulmana; os líderes de opinião precisam perceber que eles não são apenas os líderes das opiniões de suas congregações, mas são responsáveis pelas opiniões também de seu público maior, não muçulmano e geralmente crítico.

Eu me voluntariei no projeto Aliança de Civilizações no passado. A Cúpula de Istambul da Aliança em 2009 se deu uma semana depois da Cúpula do G20. Na cerimônia de abertura, houve a fala do ex-presidente costa-riquenho

José Maria Figueres Olsen. Ele perguntou à plateia qual cúpula era mais importante. Centenas de intelectuais que ouviam ficaram chocados com a pergunta. Nós estávamos na Cúpula da Aliança de Civilizações, mas ninguém acreditava que nosso encontro era mais importante do que o do G20. Esse sábio homem nos disse que a Aliança era mais importante porque era sobre mentes e corações. "O encontro do G20 é sobre tornar todos tão ricos quanto os americanos", ele nos disse, e continuou:

> Mas pense nisso, o que acontecerá com a Mãe Natureza se cada chinês quiser ter um carro e gastar uma quantidade de água igual a um americano e produzir tantos resíduos quanto um americano? É apenas por meio desse tipo de encontro que nós podemos nos importar com a natureza, não nos encontros do G20.

Nós temos banqueiros o suficiente e frequentemente eles nos levam a uma crise financeira. Nós temos líderes políticos o suficiente e frequentemente eles nos levam à guerra e ao conflito. Faltam-nos líderes de opinião suficientes e adequados que nos levarão a exames de consciência e a pensamentos mais profundos.

Falar sobre a paz é bom. Nós já sabemos disso e fazemos isso. Nós precisamos de líderes de opinião que nos ensinarão não apenas a falar, mas também a agir...

Terrorismos são doenças degenerativas

Fernando Altemeyer Junior

Terrorismos são doenças degenerativas[1]
Fernando Altemeyer Junior[2]

Definir o terror é um desafio para múltiplos pesquisadores. E ainda mais pensá-lo como um ato deliberado de grupos humanos. Esse tema tem polarizado as Nações Unidas e a sociedade civil organizada em todo o planeta. Os pesquisadores da sociologia e das ciências políticas se veem confrontados a uma ampla gama de terrorismos e terroristas. Apesar disso, os especialistas estão de acordo sobre três elementos centrais: a assimetria (o fraco ataca o forte), a gestão otimizada de meios limitados, tendo como prioridade alvos civis, de modo a traumatizar os sobreviventes e as sociedades organizadas em regimes democráticos.

Os terrorismos buscam afetar o mundo real, destruindo corpos humanos, e também destroçar o imaginário virtual (ciber-terrorismo), atingindo símbolos que permitem amplo uso das mídias e agindo em locais pequenos e remotos ou mesmo em escala transnacional. Um dos aspectos que mais têm impressionado o estudo de tal fenômeno é que o nível de violência vai sempre de um crescente de ataques de violência regular até gestos que parecem apocalípticos ou inumanos.

---

1. Este texto corresponde à fala de Fernando Altemeyer Junior proferida durante a Conferência.
2. Teólogo católico, é mestre em Teologia pela Université Catholique de Louvain, Bélgica, e doutor em Ciências Sociais pela Pontifícia Universidade Católica de São Paulo, Brasil.

■ Terrorismos são doenças degenerativas

Os terrorismos estão crescendo e deixando as pessoas cada vez mais enfermas e inseguras, tornando, assim, inumana a vida de milhares de seres humanos expulsos de suas terras. Em 2013, o Alto Comissariado das Nações Unidas para os Refugiados (ACNUR) indicava que seis milhões de pessoas naquele ano foram obrigadas a fugir de seus países por conflitos, perseguições, bombardeios, extermínios, particularmente da Síria, Sudão do Sul e República Centro-Africana. O total em 2013 de desenraizados era de 51,1 milhões de pessoas, o que configurava um recorde jamais visto desde a Segunda Guerra Mundial (Tétart, 2014a, p. 36).

É uma verdadeira epidemia: na política, na cultura e, sobretudo, nas religiões. O que faz alguém aprovar e viver tal doença que mata a virtude da esperança e nega o amor ao diferente? Como será que esse parasita se instala em um corpo sadio e o faz definhar aos poucos? Por que o terrorismo passou a instrumentalizar o nome do islã e convocar adeptos dentro da fé muçulmana? Por que jovens imigrantes em países europeus formam um terreno fértil para os extremistas? O que sabemos é que esse terrorismo não tem uma única explicação cultural, política, religiosa ou econômica. É multifacetado e difícil de compreender. Estamos diante de uma nova forma de guerra assimétrica e às vezes irracional (Tétart, 2014b, p. 54-55).

Muitas vezes, o terrorismo se consolida em grupos fundamentalistas e quer ser identificado com o zelo, a fidelidade e a firmeza de convicções. Na prática, um terrorista nada tem de fundamental ou de busca sincera das raízes políticas ou religiosas. Ele sempre acaba traindo os valores que diz proteger. Na busca frenética e irracional de fixar uma leitura única e uniforme de um texto religioso, acaba assumindo uma posição psicologicamente doentia e produzindo atitudes condenáveis, sectárias e extremistas. Os terroristas são semeadores de divisão, agressores contumazes, e estão sempre desconfiados dos outros até dentro de sua própria denominação religiosa. Cristalizam e petrificam os textos sagrados, divinizam costumes ou tradições secundárias, endurecem os seus corações e sua inteligência, sofrendo de um "Alzheimer" que devasta sua própria mente e até mesmo a de simpatizantes e seguidores de suas crenças religiosas ou ideológicas. Os terrorismos nascem de uma visão totalitária. Essa é a força da doença, e todo tratamento tem se demonstrado ineficaz.

O terrorismo é uma guerra declarada contra tudo e contra todos que discordem de seus pontos de vista e de como proclamam sua fé caricata. Quanto mais criticamos um terrorista, mais ele se acha certo e verdadeiro. Quanto mais acuado e questionado, mais se torna extremista e cego. A doença que começou pelo medo dos outros se tornará rapidamente uma obsessão contra os outros. E, claro, usando o nome de Deus como pretensa defesa da verdade.

Muitos movimentos terroristas acreditam que estamos em uma guerra gigantesca e que o membro do grupo é como um soldado escolhido por Deus para enfrentar os demônios que estão em toda parte. Esse membro "fiel" precisa de disciplina, de vestes distintas e modos alternativos de ser. Deve se isolar, não tocar mais nos outros, sofrendo um processo de lavagem cerebral por líderes manipuladores para que possa viver em um mundo paralelo, já que o mundo real estaria corrompido e tomado pelo mal, pelos maldosos e pelo Maligno. Ele acredita que é preciso destruir o pluralismo e as visões distintas em favor da uniformização total de valores, pessoas e modelos. Crê que a uniformidade é a garantia da unidade. Assim como a globalização econômica quer se impor sobre tudo e todos, assim também deve existir uma globalização totalitária da religião. Diz o teólogo católico Leonardo Boff:

> A uniformização global gerou forte resistência, amargura e raiva em muitos povos. Assistiam à erosão de sua identidade e de seus costumes. Em situações assim surgem, normalmente, forças identitárias que se aliam a setores conservadores das religiões, guardiãs naturais das tradições. Daí se origina o fundamentalismo que se caracteriza por conferir valor absoluto ao seu ponto de vista. Quem afirma de forma absoluta sua identidade está condenado a ser intolerante para com os diferentes, a desprezá-los e, no limite, a eliminá-los. (Boff, 2011, s.p.)

Além desta tarefa guerreira e sectária de conferir valor absoluto a uma visão parcial, ainda existem outros pontos fortes desse processo de rigor fundamentalista. Aqui estão: 1. Aferrar-se incondicionalmente a um texto, de forma literal e sem contexto. O texto pelo texto sem pretexto. Isso pressupõe que alguns poucos líderes, ditos carismáticos, tenham toda a autoridade de leitura e interpretação, se necessária e que indiquem os modos autoritários de se comportar e de viver, até na vida moral e sexual. Outro aspecto decorrente do literalismo na leitura dos textos sagrados será a imediata exclusão dos dissentes. 2. Ausência de criatividade ou interpretações alternativas, pois as verdades são absolutas e não se deve expressá--las de outro modo, mesmo quando estamos em outro momento histórico. É a

■ Terrorismos são doenças degenerativas

cristalização e enrijecimento da mensagem religiosa a um sistema religioso sem coração. É como se dissessem: "Nós faremos a vontade de Deus, quer Deus queira ou não". Até Deus se torna prisioneiro dos discursos patológicos destas corporações religiosas. 3. Absolutismo religioso, pois o grupo se diz dono de um texto ou até de um carisma. Tudo é branco ou preto. Não pode haver nuances e incertezas que gerariam buscas e perguntas. As respostas estão todas em manuais e textos codificados e petrificados. 4. Atração pelo extraordinário, pois em muitos grupos fundamentalistas religiosos há a abundância de fenômenos maravilhosos atribuídos ao Espírito Santo. E como todos são movidos pela esfera emocional sem uso da crítica racional, descartam a lógica e a dialética para aferrar-se aos sentimentos, às catarses das multidões e muitas vezes ao culto das personalidades narcisistas de seus líderes. Parecem cegos seguindo cegos. E claro, quando alguém faz o diagnóstico de que estão doentes, vociferam: "você também está possuído pelo demônio". 5. Condicionamento de multidão ao trabalhar com massas amorfas e sem identidades pessoais, o que os tornam vulneráveis à contaminação afetiva instantânea. O filósofo espanhol José Ortega y Gasset estudou em *A Rebelião das Massas*, livro publicado na Espanha em 1930, como se dá esse fenômeno. Dizia Ortega y Gasset:

> O homem massa se sente perfeito. Hoje, o homem médio tem as ideias mais taxativas sobre tudo que acontece e deve acontecer no universo. Perdeu o uso da audição. Para que ouvir, se já tem dentro de si quanto lhe falta? Já não é preciso escutar, mas, ao contrário, julgar, sentenciar, decidir. Não existe nenhuma questão na vida pública em que este homem massa não intervenha, cego e surdo como é, impondo suas "opiniões". Mas isto não seria uma vantagem? Massas com ideias? De forma alguma. As "ideias" deste homem massa não são autenticamente ideias, nem sua posse é cultura. A ideia é sempre uma verificação da verdade. Quem quer ter ideias necessita antes dispor-se a querer a verdade e aceitar as regras do jogo que a verdade mesma impõe. Não vale falar de ideais ou opiniões onde não se admita uma instância que as regule, uma série de normas a que no debate cabe apelar. Estas normas são os princípios da cultura. Sem isto, não há cultura, mas barbárie. (Gasset, 1995, p. 96-97)

Todo fundamentalista transforma religião e igrejas em mercado, negócio, e os fiéis em consumidores de produtos de sua marca ou grupo religioso. E sempre fixa a visão e o coração dos adeptos ao passado e às verdades vigiadas. O fundamentalista se alimenta do medo, da insegurança, de uma obsessão fanática, insistindo sobre certezas. Em pouco tempo está sendo cooptado por terrorismos e psicopatas religiosos. Quanto mais ortodoxia, mais dúvidas são ocultadas e recalcadas. Quanto mais negam as tentações e diferenças, menos atingem o progresso e o conhecimento. Diz Sertillanges, comentando o aprendizado pelos erros:

> Avaliem o quanto a Igreja deve às heresias e a filosofia a seus grandes litígios. Se não tivesse havido Ario, Eutiques, Nestório, Pelágio, Lutero, o dogma católico não teria sido constituído. Deve-se aprender a pensar adequadamente, sobretudo em contato com os sábios, mas a própria loucura traz ensinamento, quem escapa a seu contágio extrai dela alguma força. Quem tropeça e não cai, dá um passo maior. (Sertillanges, 2010, p. 131-132)

Exemplos disso estão nas ruas e presentes em muitas cidades brasileiras, europeias, americanas ou mesmo na Turquia e África. Grupos extremistas que criticam a sua própria religião com ódio e desprezo; leitura parcial dos livros sagrados; roupas e estilos religiosos que remontam aos tempos antigos ou pré-cristãos ou pré-islâmicos que pretendem adestrar jovens a disciplinas pouco religiosas ou mesmo lúcidas; cultos televisivos ou vídeos marcados pela espetacularização e por mortes explícitas e chocantes de mulheres, crianças e idosos; *shows* narcisistas ou exorcismos descabidos; destruição do sagrado de outros grupos religiosos; promoção de emoção descontrolada nas multidões; gritos em lugar do silêncio orante; integrismos em lugar da integridade da fé; fanatismo de grupos; culto de personalidades, em detrimento dos mestres religiosos; obsessão por fatos extraordinários; corrupção de meios e fins; vaidades explícitas e aniquilação ao limite da própria vida como suicida auto-justificado.

Em geral, religiões não nascem nem se organizam de forma fanática, mas alguns fanáticos se apoderam delas para destruí-las. Atrás dos fanáticos vem violência simbólica, e depois desta, a violência física, resultando em terroristas profissionais. Isso tudo é uma degeneração da fé original. É uma doença e um desvio patológico. É preciso ser visto, compreendido e interpretado com clareza e lucidez; descobrir as suas causas, próximas e remotas, diagnosticar os seus medos, nominar os atores principais e aprender arduamente como enfrentá-los violentamente para gerar novos ataques sempre mais destrutivos. Certamente, ao

■ Terrorismos são doenças degenerativas

fazer o diagnóstico de cada terrorista em seu contexto sócio-cultural e econômico, poderemos compreender e entender melhor a doença. Sabemos que a ira é um dos venenos básicos que corroem seu coração e sua mente. Mas, como dizem os mestres do budismo, três venenos são destilados sempre conjuntamente: a ira, a ignorância e a cobiça. Diz o monge Hsing Yün:

> Nutrem um ao outro, justificam um ao outro e criam condições que resultam em nefastas reincidências. Estes três venenos também são conhecidos como os três fogos, porque fazem a mente queimar na fúria da ignorância, como um incêndio descontrolado. Por vezes, são chamados de três doenças, porque prejudicam os seres e os aprisionam por longos períodos ao permanente ciclo de nascimento e morte. (Yün, 2001, p.44)

Para enfrentar os terrorismos e os fanáticos, será preciso muito discernimento. Primeiro porque o fundamentalista não o é por ser religioso, mas por estar doente em sua alma psíquica. Todo fanático não é alguém profundamente religioso. Vive de vernizes. Vive de superficialidades. Teme mergulhar na sua própria fé e religião. O fundamentalista cristaliza Deus em fórmulas e faz das igrejas instituições sem alma, transformando os fiéis em funcionários obedientes e sem raciocínio longe dos pobres e das causas do Reino de Deus. São os fundamentalistas e fanáticos religiosos que fazem mal ao mundo, e não a fé, a Igreja e a religião. "Apresentam assim uma caricatura de Deus, não sendo autêntica religião" (Marins; Trevisan, 2010, p. 128).

O biblista Raymond Brown dá algumas pistas para enfrentar o fundamentalismo: evite os preconceitos; proponha uma visão bíblica mais global; não ataque um fundamentalista; mostre antes sua fé e seu amor do que seu discurso e a sua perspectiva da verdade. A vitória do Evangelho é feita em atos de amor do que em discursos de poder. A eficácia de Jesus está mais nas mãos que sabem ser generosas do que na apologética de teorias abstratas e estreitas. Bem disse Jesus: "o que sai da boca procede do coração e é isto que torna o homem impuro" (Mt. 15,18).

A pista mais fecunda para superar os terrorismos é o árduo caminho da escuta no encontro com o Deus vivo na oração e na verdade. Assim proclama a Surata 103 – Sura do Tempo: "Pelo tempo. Por certo, o ser humano está em perdição; exceto os que creem e fazem as boas obras e se recomendam, mutuamente, a verdade, e se recomendam, mutuamente, a paciência".

Não há receitas nem terapias eficazes. É urgente aceitar o mistério de Deus sem manipular a fé para o terror e a morte. Deus, Allah, o Eterno é Senhor da Vida e da Paz. A noção comum aos monoteísmos abraâmicos guarda como um dos nomes de Deus o conceito de raham, rehem, ou seja, misericórdia e ternura que evoca o útero materno e o ser criatura diante do Eterno. A Bíblia hebraica usa 131 vezes a palavra rahamim para metaforicamente falar de Deus agindo na vida do ser humano que é fiel e justo: "Nas trevas brilha como uma luz quem é justo, clemente e compassivo" (Salmo 112,4). As suratas do Corão Sagrado principiam proclamando: "Em nome de Allah, O Misericordioso, O Misericordiador". A fé de Abraão deve converter-se em esperança de paz. Só as ovelhas perdidas ou machucadas fazem estremecer o coração de Deus, como diz o poeta francês Charles Péguy:

> A ovelha perdida faz estremecer o coração de Deus. Num estremecimento ligado à própria esperança. Ela introduziu no próprio coração de Deus a teologal Esperança. É este, meu filho, o tal segredo. É este o mistério. A penitência do homem é um coroar duma esperança de Deus (Péguy, 2013, p. 106-107).

Será preciso libertar Deus de nossos esquemas mentais e religiosos. Ao rechaçar o fundamentalismo, podemos fazer a experiência do profeta Jó: "Jó não foi libertado da necessidade de praticar a justiça, mas da tentação de capturar Deus em uma concepção estreita desta. Ele foi liberado, em princípio, da forma mais sutil da idolatria, perigo assinalado em vários momentos do livro de Jó. Deus aparecerá agora a Jó com toda a sua liberdade, liberado das estreitas categorias teológicas com que se quis aprisioná-Lo" (Gutierrez, 1986, p. 200-201).

Hoje, redescobrimos que os seguidores das religiões não estão a serviço de si mesmos, mas dos mais pobres, dos pequeninos, dos refugiados e da paz. O fundamento verdadeiro de tudo para uma pessoa de fé é a misericórdia e não a posse particular da verdade. Assim escreveu Jean Marie Donovan, missionária norte-americana assassinada em El Salvador, em 2 de fevereiro de 1980:

Várias vezes decidi-me ir embora... e quase o teria feito se não fossem as crianças, vítimas pobres e golpeadas pela loucura adulta. Quem cuidaria delas? Que coração seria tão duro para apoiar o racional neste mar de lágrimas e solidão? O meu não, queridos amigos, não o meu (Marins; Trevisan; Chanona, 1989, p. 271).

O caminho religioso não pode ser pela anulação do discernimento, mas pelo coração e pela inteligência conectados e ativos. A verdade não é algo imposto. Na fraqueza humana existe a graça e a presença do Sopro Eterno e Compassivo que nos faz viver o autenticamente humano que é o discernimento. "O critério é a capacidade que tem o homem de fé para poder discernir os caminhos do Espírito" (Castillo, 1978, p. 46).

Ainda que saibamos pela reflexão acurada de Thomas Hobbes que o homem é lobo do homem, também sabemos em nossa vida cotidiana que somos convidados a ser humanos honestos que buscam a verdade na fé e na justiça. Disse Blaise Pascal que este paradoxo entre a vilania e a beleza da criatura humana é necessário para o percurso terreno. "Sem um tal contrapeso, a elevação seria terrivelmente vã, e o rebaixamento nos tornaria seres terrivelmente abjetos" (Pascal, 1976, p. 194).

A luta contra os terrorismos não se fará só em gabinetes diplomáticos, universitários ou políticos. Ela se faz no respeito ao outro, na acolhida dos que sofrem e perdem sua terra ou sua pátria e que sonham e vivem em busca do retorno ao seu lugar, seu lar, seu povo (Sayad, 2000).

O sacerdote missionário Daniel Franklin Pilario, decano da Faculdade de Teologia São Vicente, da Universidade Adamson, em Manila, interpreta o processo de autonomia muçulmana no sul das Filipinas, após anos de uma guerra fratricida, dizendo que tudo foi: "um produto de dezessete anos de trabalho cansativo de negociação e discussão, de diálogo e aproximação, de oração e jejum de todas as partes – governo e facções rivais, representantes militares e religiosos, ONGs e comunidades culturais" (Pilario, 2015, p. 106).

Referências

BOFF, L. *Ainda o fundamentalismo*. Disponível em: <https://leonardoboff.wordpress.com/2011/07/27/ainda-o-fundamentalismo>. Acesso em: 24 out. 2017.

CASTILLO, J. M. A consciência critica na Igreja – o discernimento cristão. *Revista Concilium*. Espiritualidade. Petrópolis, Vozes, 139, 9, 1978.

GUTIERREZ, G. *Hablar de Dios desde el sufrimiento del inocente* – uma reflexión sobre el livro de Job. Lima: Instituto Bartolomé de las Casas, 1986.

MARINS, J.; TREVISAN, T. *Fundamentalismo, obsessão contemporânea*. Santa Maria-RS: Editora Pallotti, 2010.

_____ ; _____ ; CHANONA, C. *Memoria peligrosa*. México-DF: CRT, 1989.

ORTEGA Y GASSET, J. *La rebelion de las masas*. Madrid: Alianza Editorial, 1995.

PASCAL, B. *Pensées*. Paris: GF-Flammarion, 1976.

PÉGUY, C. *Os portais do mistério da Segunda Virtude*. Prior Velho. Portugal: Paulinas, 2013.

PILARIO, D. F. A religião como capital social para a construção da paz. *Revista Concilium*, Religião e identidade nas sociedades pós-conflito, Petrópolis, Vozes, 359, 2015.

SAYAD, A. O retorno – elemento constitutivo da condição do imigrante. *Revista do Migrante*, edição especial, São Paulo, Centro de Estudos Migratórios, ano XIII, jan. 2000.

SERTILLANGES, A. D. *A vida intelectual* – seu espírito, suas condições, seus métodos. São Paulo: Editora É, 2010.

TÉTART, F. Civils et réfugiés, nouvelles victimes des conflits. In: *Grand Atlas*. Paris: Editions Autrement, 2014a.

_____. Le terrorisme, une autre forme de guerre. In: *Grand Atlas*. Paris: Editions Autrement, 2014b.

YÜN, H. *Cultivando o Bem*. São Paulo: Cultura Editora Associados, 2001.

CONFERÊNCIA INTERNACIONAL
SOBRE TERRORISMO

CAPÍTULO 3

RELIGIÕES
Liberdade de expressão e respeito aos sagrados das religiões
Posição das religiões diante da intolerância e do radicalismo
Papel das religiões pela paz no mundo
Relação entre mídia e religião

■ Antes que seja tarde demais...

Antes que seja tarde demais...[1]
Dirk Ficca[2]

Quando os atiradores invadirem o restaurante, o auditório, o lobby do hotel, e abrirem fogo... já será tarde demais.

Quando a bomba explodir no comício, no mercado, do lado de fora da mesquita, da sinagoga, da igreja... já será tarde demais.

Quando a vila tiver virado cinzas, e todas as moças tiverem sido levadas... já será tarde demais.

Boa parte desse caos está além do nosso controle.

A maior parte do que podemos fazer é depois do ocorrido. Rastrear os culpados. Quebrar as células terroristas e suas redes. Aumentar a segurança.

No longo prazo, podemos tentar lidar com as causas.

---

1. Este texto corresponde à fala de Dirk Ficca proferida durante a Conferência.
2. Tem vinte anos de experiência no movimento inter-religioso global, tendo trabalhado como Diretor Executivo do Conselho do Parlamento Mundial de Religiões. Antes de trabalhar com o Parlamento de Religiões, foi pastor da Primeira Igreja Presbiteriana de Benton Harbor. Graduou-se pelo Seminário Teológico McCormic (1982) e lecionou na Universidade DePaul, no Seminário Teológico Evangélico Garrett e na Escola Luterana de Teologia, em Chicago. É membro do Presbitério de Chicago e serve como organizador do Grupo de Trabalho Ecumênico e Inter-religioso. Recebeu o Prêmio Fethullah Gülen para Paz e Diálogo pela Fundação Niágara, em 2012.

Muitas vezes, o terrorismo é uma manifestação de forças postas em movimento anos, décadas ou séculos atrás, advindas de desentendimentos antigos e feridas abertas. Atos de violência cometidos por injustiças passadas, conflitos e atrocidades, inevitavelmente, levam a um novo ciclo de injustiça, conflito e atrocidade.

Como podemos confrontar essas forças históricas? Não podemos voltar no tempo. Não podemos mudar o passado. Mas podemos mudar a forma como olhamos para o passado. Podemos assumir a tarefa monumental de nos libertarmos do passado para que possamos avançar para um futuro melhor.

Decidir encerrar o ciclo vicioso de ódio e medo, de vingança e retribuição, independente do que os outros façam. Decidir entrar em um caminho de perdão e cura, começando um ciclo mais virtuoso de compreensão e respeito, independentemente do que os outros façam. Isso tudo talvez não seja para nosso próprio benefício, mas para os que virão depois de nós.

No entanto, isso não é fácil. Deixar de lado raiva justificada, perdoar o indescritível, trabalhar em prol daqueles que quiseram o seu mal e convencer outros a fazê-lo coletivamente. Não é de surpreender que essa seja uma das principais ocupações das tradições religiosas. Deus sabe que precisamos de toda a ajuda que pudermos ter. Certamente não acontecerá de uma hora para outra; levará uma geração ou mais.

E há o terrorismo que surge a partir de frustração e desespero. O último recurso relutante dos que sofrem com privação e opressão. Atos de desespero destes que não têm nada a perder, que não veem outro caminho exceto o ataque. Hoje, boa parte dessa frustração e desse desespero é o legado duradouro da colonização – especialmente na África, no Oriente Médio e no Sudeste Asiático –, potencializado pelas forças de globalização que continuam a deixar centenas de milhões para trás.

A boa notícia é, se essas formas de descontentamento e violência são produto das condições sob as quais essas pessoas vivem, então alterar essas condições fará a diferença. É uma questão, portanto, de vontade política. Os que se beneficiam da situação atual estão dispostos a dividir a riqueza, a colocar o bem comum acima de seu interesse próprio? O alcance dos Objetivos de Desenvolvimento do Milênio, propostos pelas Nações Unidas, por exemplo, seria um grande avanço para a solução das profundezas do desespero. Contudo, o progresso nesse processo, até agora, tem sido problemático. Essa ainda é uma estratégia de longo prazo.

E quanto ao agora? O que pode ser feito sobre o terrorismo hoje e amanhã e nas semanas e meses que estão por vir? Onde somos mais necessários como atores de maneiras construtivas e consequentes?

Por mais devastadoras e trágicas que essas manifestações de ódio e medo sejam, acredito que haja algo mais terrível e alarmante do que o extremismo, mais ameaçador e com mais alcance do que qualquer assassino, célula terrorista ou armada do mal pode fazer.

É quando o extremismo se desloca da margem para o centro.

Quando o extremismo e o terrorismo conseguem colocar pessoas e comunidades com boa vontade umas contra as outras, eles criam uma divisão entre vizinhos de longa data. Ameaçam envenenar a fonte de uma cidade, uma sociedade e a comunidade global. Ódio e medo se tornam o padrão.

Quando isso acontece, recorremos à divisão incessante do mundo entre "nós" e "eles". Quando o respeito pelas diferenças se transforma em intolerância hipócrita. Quando somos consumidos pela nossa própria sobrevivência e pelos ganhos, exclusivamente para nós.

O mais perturbador é quando os que são traumatizados pelo extremismo e vitimizados pelo terrorismo acabam se tornando involuntariamente apoiadores das mesmas mentiras e culpados pelo mesmo comportamento desumano.

Em resumo: a maior ameaça que enfrentamos é que as forças do extremismo e do terror se desloquem das margens para o centro.

Nas palavras de William Butler Yeats (de seu poema "The second coming", ou "O Segundo Advento"): quando "tudo se despedaça; o centro não se mantém. A anarquia é despejada sobre o mundo...".

■ Antes que seja tarde demais...

Mas, uma vez que tenhamos chegado ao fundo do poço de tudo que está aparentemente fora de nosso controle, temos uma sensação de onde e qual a nossa reação deve ser. Mesmo diante do extremismo e do terrorismo em seu pior momento, podemos decidir não deixar com que eles despertem o pior de nós. Pois a forma como reagimos, e reagimos juntos, como sociedade, está sob nosso controle.

O que estou propondo como o aspecto mais ameaçador do extremismo e terrorismo é a ruptura do tecido social. Contudo, é ao fortalecermos a coesão da sociedade que nós, como atores, podemos fazer mais. Uma vez que a coesão social é sempre encontrada no nível local, os atores que talvez possam fazer o máximo para fortalecer esse tecido, fazê-lo resistente o suficiente para refutar as forças do extremismo, sobreviver ao impacto devastador do terrorismo, são as comunidades religiosas.

Vejamos um pequeno estudo de caso da Suécia como exemplo.

No final de março de 2010, na pequena cidade litorânea de Ladskrona, uma disputa em um estacionamento entre um casal de idosos e um jovem imigrante palestino terminou com a idosa sendo empurrada e batendo a cabeça na calçada. Quando ela morreu dois dias depois, a tensão entre os locais e os imigrantes aumentou, alimentada pelo discurso de ódio via Facebook, e pela retórica inflamada de políticos. Quando o responsável foi identificado e detido, ele e sua família se tornaram alvos de ameaças de morte e foram postos sob proteção policial.

Naturalmente, os desdobramentos tóxicos desse incidente foram sentidos em outros lugares, amplificados pela cobertura, em geral sensacionalista, da mídia. Isso se tornou uma história nacional, trazendo também à tona as tensões entre os recém-chegados imigrantes e os suecos em outras cidades.

Em resposta a isso, o vigário da Igreja da Suécia de Landskrona entrou em contato com o líder da comunidade muçulmana local, com quem ele tinha amizade graças ao "Construindo pontes em Landskrona", um projeto iniciado pela Igreja da Suécia e executado por duas pastoras luteranas.

Dirk Ficca

Três dias depois, 700 pessoas de diversas tradições, etnias e idades participaram de um culto inter-religioso na igreja Safia Albertina. Do púlpito, o imã Othman al-Tawalbeh proclamou que "...violência não tem etnia, violência não tem religião". Juntos, o imã e o vigário conduziram a procissão de líderes cristãos e muçulmanos e seguidores até o centro da cidade, onde 2 mil outras pessoas compareceram para uma vigília pela paz.

A vigília atraiu o interesse da imprensa local e internacional. Imagens de jovens muçulmanas acendendo velas lado a lado de senhoras etnicamente suecas foram transmitidas por todo o país. Nos dias seguintes, não houve violência nas ruas. Os grupos de ódio no Facebook desapareceram. Partidos políticos anti-imigração perderam força na eleição seguinte.

Em resumo: por causa daquele contato, um incidente que podia ter dilacerado a comunidade se tornou um ponto focal de esforços intencionais para encorajar o diálogo e a cooperação entre comunidades étnicas e religiosas diversas em Landskrona. É um esforço que continua até hoje. Dessa forma, é um exemplo local com implicações globais.

O que aconteceu em Landskrona é muitas vezes chamado de "diplomacia de segundo escalão". A postura de pessoa para pessoa, de comunidade para comunidade, para estabelecer amizade e confiança, a partir da qual a sociedade como um todo consegue achar a força e a determinação para lidar com os desafios que enfrenta. Uma postura que é tão eficiente em Beirute, Bruxelas e São Paulo quanto em Ladskrona.

Pergunte-se o seguinte:

Você sabe quem chamar em outras comunidades em um momento de crise?

Você e membros da sua comunidade já ficaram ao lado de outra comunidade que passava por um momento de dificuldade, pesar, desentendimento ou perseguição? Os membros da outra comunidade ficaram ao seu lado em circunstâncias similares?

■ Antes que seja tarde demais...

Quer você concorde ou não com os valores e práticas de outra comunidade cultural, étnica ou religiosa, você tentou ao menos entendê-los da forma como eles se entendem?

Diante de estereótipos amplamente divulgados sobre o islã, os membros da sua comunidade conhecem seus vizinhos muçulmanos pacíficos, que respeitam a lei, de forma próxima?

Qual a responsabilidade que cada um de nós tem em rebater a representação pública equivocada de comunidades culturais, étnicas ou religiosas diferentes da nossa?

Você tem um senso de solidariedade com seus vizinhos e concidadãos de forma que um ato de vandalismo, difamação ou violência contra outra comunidade seria tão danoso e perturbador como se tivesse acontecido em sua própria comunidade?

É preciso reconhecer, honesta e dolorosamente, sem reservas, que a religião tem sido, e continua sendo, usada para difundir tudo que aflige o mundo, especialmente dividindo pessoas e colocando umas contra as outras. Há, porém, uma característica em particular das religiões que é indispensável para a construção de pontes e o incentivo da confiança.

Tem a ver com a palavra "independentemente".

Religiões, no seu melhor momento, podem motivar e inspirar seus seguidores:

- A respeitar uns aos outros, independentemente de serem respeitados de volta.
- A ser abertos e hospitaleiros com os que são diferentes, independentemente do fato desses gestos serem recebidos ou rejeitados.
- A nunca retribuir violência com violência, independentemente do que aconteça.
- E a seguir tal caminho não só como meio para um fim, mas porque, independentemente do resultado, o caminho é seu próprio propósito.

Dirk Ficca

A menos que haja uma massa crítica de pessoas e comunidades – religiosas e seculares – comprometidas com esse caminho, independentemente das circunstâncias, do custo e do resultado, o centro se manterá.

Tanto do que acontece ao nosso redor, do que acontece no mundo, está além da nossa influência ou controle. Sem dúvida, é necessário que existam aqueles que estão caçando e confrontando os bandos do EI e frustrando os planos de assassinato da rede da Al-Qaeda. Mas isso tudo para que tipo de mundo, caso o centro não se mantenha?

Quem terminará primeiro com o ciclo vicioso de ressentimento e ódio e a violência alimentada por ele? Qual geração dirá que já basta? Que o flagelo do passado termina conosco? Que a esperança por um novo dia nasce conosco?

Como vamos achar a vontade política coletiva para lidar com as realidades agonizantes da pobreza e opressão global e suas consequências devastadoras para a paz e segurança global, se não podemos levar a sério o bem-estar daqueles vivendo entre nós, em nossas próprias comunidades, especialmente aqueles que são diferentes de nós em termos de cultura, etnia, status socioeconômico ou religião?

Essa pichação foi encontrada em um pedaço do Muro de Berlim quando ele foi derrubado em 1989:

"Muitas pessoas pequenas

    que em muitos pequenos lugares

        fazem muitas coisas pequenas

            podem mudar a cara do mundo".

Quando confrontados com a maior ameaça das forças de extremismo e terror, nada deveria nos impedir de agir no que é mais crucial para fomentar uma sociedade coesa e harmoniosa.

É nisso que estou depositando minha esperança para o mundo: de baixo para cima, na acumulação irreprimível dessas pequenas ações, reverberando em proporções globais.

Antes que seja tarde demais...

■ Posição da Igreja Católica diante do terrorismo

Posição da Igreja Católica diante do terrorismo[1]
Dom Julio Akamine[2]

Desejo apresentar a posição da Igreja Católica em relação ao terrorismo. Trata-se de uma posição clara, pública e desde sempre incluída tanto no quinto mandamento da Lei de Deus quanto no Evangelho de Jesus.

No livro do Êxodo (20,13), lemos: "não matarás". Esse preceito do decálogo recebeu de Jesus uma profundidade, extensão e exigência ainda maior quando, no sermão da Montanha, afirmou: "Ouvistes o que foi dito: 'Não cometerás homicídio! Quem cometer homicídio deverá responder no tribunal'. Ora, eu vos digo: todo aquele que tratar seu irmão com raiva deverá responder ao tribunal" (Mt. 5, 21-22).

A partir desse preceito do decálogo e da Boa Nova de Jesus, a Igreja condena explicitamente toda forma de atentado à vida hu-

---

[1]. Este texto corresponde à fala de Dom Julio Akamine proferida durante a Conferência.
[2]. Bispo Auxiliar de São Paulo, começou seus estudos em 1975 no Seminário da Sociedade do Apostolado Católico (Palotinos), em Londrina, Paraná. Cursou Licenciatura em Filosofia na Pontifícia Universidade Católica (PUC), de 1981 a 1983, e Teologia no Studium Teologicum Claretianum, de 1984 a 1987, na Arquidiocese de Curitiba. Foi ordenado diácono pela imposição das mãos de dom Luciano Mendes de Almeida, no dia 25 de janeiro de 1987, na Paróquia Coração Eucarístico de Jesus e Santa Marina, Vila Carrão, Região Episcopal, Belém, e foi ordenado sacerdote pela imposição das mãos de dom José Maria Maimone, em 24 de janeiro de 1988, na Paróquia Santo Antônio, cidade de Cambé, Paraná. Obteve o mestrado em Teologia na Pontifícia Universidade Gregoriana de Roma (1993 a 1995) e doutorado na mesma universidade (2001 a 2005).

mana, uma vez que ela é sagrada. A sacralidade da vida nada tem a ver com o tabu: não se trata da imposição ou atribuição externa, extrínseca e artificial de um respeito exagerado, de um medo injustificado e sem motivo.

A vida é sagrada porque desde a sua origem está ligada e relacionada a Deus. Sacralidade da vida humana nada mais é do que o reconhecimento de que a vida tem dentro de si uma relação especial com o Criador da vida.

Ninguém de nós deu (ou dá) a vida a si mesmo. Ela é recebida. Nós a recebemos dos nossos pais; nós a recebemos todos os dias e a todo momento deste mundo que nos fornece alimento, bebida, ar para viver. A fonte da vida não está dentro nós: nós a recebemos! Desse fato tão elementar, descobrimos que recebemos a vida do Criador. No fim e no alto da longa cadeia de dom e de oferta de vida, está o Criador. Por isso, Ele é "o dono da vida do começo ao fim da vida; ninguém, em nenhuma circunstância, pode reivindicar para si o direito de destruir diretamente um ser humano inocente" (CatIgCat, p. 2258).

E não só isso. Entra também na condenação do quinto mandamento todas as ações realizadas com a intenção de provocar indiretamente a morte de uma pessoa. É moralmente condenável, por exemplo, expor alguém a um risco mortal sem razão grave, bem como recusar ajuda a uma pessoa em perigo.

Entra também nessa reprovação da Igreja a aceitação de condições de miséria que provocam a morte. Tais condições de miséria se constituem em injustiça escandalosa e falta grave contra a sacralidade da vida. Por isso, todo aquele que, por exemplo, em seus negócios, se der a práticas usurárias e mercantis que provoquem a fome e a morte de pessoas humanas comete indiretamente homicídio (cf. CatIgCat, p. 2269).

Quis fazer esse breve resumo da doutrina católica para poder melhor contextualizar a condenação que a Igreja faz do terrorismo. Com efeito, o terrorismo é uma violação do respeito à vida e à integridade corporal da pessoa. Juntamente com o sequestro, a tortura, as mutilações e a esterilização, o terrorismo é contrário à lei moral como prática cruel, desnecessária e degradante (cf. CatIgCat, p. 2297).

Dom Julio Akamine

O terrorismo, que ameaça, fere e mata sem discriminação é uma das formas mais brutais de violência que atualmente afligem a Comunidade Internacional. Como ação individual ou ação de um grupo que provoca mortos e feridos e destruição de centros habitados, o terrorismo é quase sempre animado e sustentado por uma ideologia. Atualmente, estamos assistindo à multiplicação de grupos subversivos que, com o objetivo de derrubar governos e impor um nova ordem estabelecida, se servem de ações criminosas para atingir as instituições, para alarmar a população e para tornar instável e insegura a convivência social.

O terrorismo frequentemente está ligado à guerrilha. Nesse caso, deixa de ser apenas uma sucessão de fatos isolados para assumir um caráter mais consistente e sistemático. O terrorismo se transforma, assim, em uma rede obscura feita de cumplicidades políticas, em uma ação sustentada por enormes recursos financeiros, reforçada por meios técnicos sofisticados e articulada por estratégias de escala mundial.

A violência do terrorismo atinge pessoas inocentes. O seu alvo são os lugares da vida cotidiana, não os objetivos militares.

Em uma guerra declarada, as nações beligerantes ao menos devem seguir regras que tentam disciplinar os conflitos. O terrorismo, ao contrário, atua e ataca no escuro, fora de qualquer regra ou limitação do direito internacional humanitário.

A prática do terrorismo se tornou uma forma de guerra total. Nela não se poupa nada nem ninguém. Tudo é atacado e destruído: o patrimônio cultural e espiritual, mulheres, crianças, doentes e velhos.

Por aterrorizar as pessoas, por usar esse terror para seus fins e por seu desprezo total à vida humana e ao contexto humano que a envolve, o terrorismo deve ser condenado de modo absoluto. Não há motivo que o possa justificar.

Além de instrumentalizar a vida humana para seus fins, o terrorismo tem instrumentalizado Deus e a religião. Com dor e indignação, é preciso dizer que é profanação e blasfêmia justificar a ação terrorista com o nome de Deus. O terrorismo revela, nesse sentido, o orgulho e a soberba de quem presume possuir totalmente a verdade de Deus, em vez de procurar ser possuído por ela. A Igreja e as religiões não abdicam da verdade. Mas elas não a possuem, antes se esforçam em estar na verdade, de buscá-la sempre. A verdade não se possui, é ela que nos possui. Exatamente por isso nos faz livres.

Outra condenável instrumentalização da religião é a atribuição do nome de mártires aos que morrem para executar atos terroristas. Isso é distorcer o conceito de martírio.

O mártir é aquele que se deixa matar para não renunciar a Deus; não é o que mata em nome de Deus. O mártir dá a vida. O terrorista dá a morte.

Além disso, o martírio não deve ser buscado diretamente. A Igreja desde sempre reprovou os "cristãos" que provocavam o próprio martírio como uma atitude soberba de desprezo pela salvação dos que perpetram o crime. O mártir nunca provoca o próprio martírio. Só o aceita como preço a pagar pela sua fé sem desprezar ou odiar os que o matam.

Nenhuma religião pode tolerar o terrorismo. Muito menos apoiá-lo ou fazer propaganda dele. As religiões, pelo contrário, se empenham em colaborar para remover as causas do terrorismo e para promover a amizade entre os povos. É nossa tarefa, enquanto responsáveis pela religião, não permitir que o nome de Deus seja usado para justificar o terrorismo e, também, não permitir que as nossas doutrinas, tradições, ritos e preceitos morais sejam manipulados ou sirvam de suporte ideológico para o terrorismo.

Para combater o terrorismo, a Igreja Católica reconhece que é preciso:

1. defender-se dele;
2. identificar os seus culpados;
3. colaborar com as nações contra a sua atividade;
4. combater as causas que o motivam e criar as condições para que ele não nasça ou se desenvolva.

1. Todo indivíduo tem o direito de se defender do terrorismo. Tal direito não pode, todavia, ser exercido sem o respeito dos preceitos morais e jurídicos. A defesa contra o terrorismo deve respeitar os diretos da pessoa humana e dos princípios dos Estado de Direito. Sem esse respeito, a defesa se degenera em vingança e violência.

2. É preciso identificar os culpados pelos atos de terrorismo. Para que a identificação não se degenere em caça indiscriminada, tal identificação deve ser suficiente e devidamente provada, pois a responsabilidade penal é sempre pessoal. A responsabilização não pode ser estendida e generalizada às religiões, às nações, às etnias a que pertençam o terrorista.

3. O combate ao terrorismo exige a colaboração internacional para desbaratar e impedir as ações terroristas. Essa colaboração internacional não se deve somente ao fato de que o terrorismo se articula internacionalmente, mas sobretudo ao fato de que o terrorismo atinge a humanidade e os povos como um todo. Por ser um atentado contra a dignidade humana, toda a humanidade é ferida. Mesmo que o terrorismo estivesse circunscrito a um só lugar, toda a humanidade seria atingida por ele.

4. A colaboração internacional não se esgota em operações punitivas e repressivas. É imprescindível que esse recurso à força repressiva e punitiva seja acompanhado por um estudo corajoso e lúcido das motivações subjacentes aos ataques terroristas. Combater as causas que podem motivar e fazer crescer o terrorismo exige um esforço político e pedagógico decidido para resolver os problemas e as situações dramáticas que fomentam o terrorismo. É bem sabido que o recrutamento de terroristas é mais fácil em contextos sociais em que os direitos são espezinhados e as injustiças são longamente toleradas.

Considerações finais

Movida unicamente pela fé, a Igreja quer promover a unidade dos cristãos e uma fecunda colaboração com os fiéis de outras tradições religiosas. As diferenças religiosas não podem e não devem constituir uma causa de conflito: a busca comum da paz por parte de todos os crentes é um forte fator de unidade entre os povos.

Referências

Catecismo da Igreja Católica. Brasília: Edições CNBB, 2013.

Pontifício Conselho de Justiça e Paz, *Compêndio da Doutrina Social da Igreja*. São Paulo: Paulinas, 2011.

■ Educação para a paz como ferramenta contra o terrorismo

Rabino Michel Schlesinger ■

Educação para a paz como ferramenta contra o terrorismo[1]

Rabino Michel Schlesinger[2]

Shalom. Conta uma lenda que, no momento da criação dos seres humanos, Deus decidiu começar pela mulher. Criou primeiro ela, mas dava muito trabalho ter que caçar, ter que pescar, ter que construir, ter que plantar... A mulher exausta vira pra Deus e fala: Deus, eu preciso de ajuda... Por favor, faça alguém que possa me auxiliar. Deus fala: Tá bom. Eu vou então criar o homem para fazer tudo isso que você não está dando conta, mas temos que fazer uma combinação entre nós... Deus fala pra Eva: Nós vamos convencer o homem de que ele foi criado primeiro [risos], porque aí ele vai se sentir bem com isso e vai caçar melhor, e vai pescar melhor, e vai construir melhor com essa sensação de que ele foi criado em primeiro lugar... Finalizou então a conversa Deus dizendo a Eva: E isso será um segredo entre nós, de mulher pra mulher... [aplausos]

---

1. Este texto corresponde à fala do Rabino Michel Schlesinger proferida durante a Conferência.
2. É bacharel em Direito pela Universidade de São Paulo. Realizou seus estudos rabínicos e seu mestrado em Jerusalém, no Instituto Schechter. Nos Estados Unidos, trabalhou em um acampamento judaico, o Camp Ramah de New England, e se capacitou para dar apoio a doentes e seus familiares no Jewish Pastoral Care Institute na cidade de Nova York. Desde 2005 é rabino da CIP. Em 2012, por ocasião de seu ano sabático, passou três meses em Nova York, onde visitou instituições judaicas e estudou Talmud no Jewish Theological Seminary. O rabino Schlesinger é representante da Confederação Israelita do Brasil (Conib) para o diálogo inter-religioso e coordenador da delegação judaica na Comissão Nacional de Diálogo Católico Judaico da CNBB. Em 2013, esteve em Doha, no Qatar, para a Décima Conferência Internacional de Diálogo Inter-religioso. No mesmo ano, concluiu seus estudos em gestão de sinagogas no Rabbinical Managment Institute de Los Angeles.

Esta foi a nossa homenagem ao Dia Internacional da Mulher, que aconteceu ontem, e uma maneira bem-humorada de começar um tema bastante profundo e bastante difícil, que é o tema do terrorismo, e a responsabilidade que cada uma e cada um de nós tem no fortalecimento de uma sociedade equipada para o difícil encontro com a adversidade. Não existe encontro mais desafiador do que o encontro com o diferente, mas esse encontro é a um só tempo desafiador, rico e lindo. Deus nos fez diversos; não existem dois seres humanos iguais, mesmo gêmeos univitelinos têm criatividade diferente, têm iniciativa diferente, têm possibilidades artísticas, literárias, espirituais, humanas distintas um do outro. Se Deus nos fez diferentes uns dos outros, é para que tenhamos a capacidade de aprender com a beleza da diversidade humana.

"Shalom", paz, é a palavra mais conhecida da língua hebraica. Nós dizemos "shalom" quando chegamos em algum lugar; "shalom" é uma espécie de oi. E dizemos "shalom", também, quando saímos desse lugar, quando nos despedimos... Conta o Talmud – e eu vou me referir algumas vezes ao Talmud, que é uma coletânea de debates dos rabinos, inspirado na literatura bíblica – que "shalom" é também um dos nomes de Deus; Deus também se chama paz, também se chama "shalom". O radical da palavra "shalom" é "shalem", que significa "inteiro", "completo". "Shalom", a busca pela paz, é a busca por uma sociedade completa, uma sociedade capaz de conviver e acomodar as diferenças e permitir que os debates prossigam como tal, sem a necessidade de que haja uma única versão para cada pergunta.

O professor Cortella fez referência à história de Caim e Abel e, desses e-mails que às vezes rodam pela internet, li um que compilava rezas de crianças, crianças que escreveram rezas para Deus. Numa delas a criança escreveu o seguinte: "Querido Deus, eu acho que Caim e Abel se matariam menos se cada um tivesse o próprio quarto" [risos]. Caim e Abel é, na verdade, o início de uma relação conturbada entre irmãos ao longo de todo o livro de Gênesis. Caim matou Abel (Gênesis 4:8), mas como foi a relação entre Isaac e Ismael? Esses meio-irmãos separados antes do nascimento de Isaac... Assim está escrito: "E disse Sara a Abraão: 'Expulsa essa serva e seu filho porque não herdará o filho dessa serva, Ismael, com o meu filho, Isaac'" (Gênesis 21:10). Esses dois irmãos não têm a possibilidade, a oportunidade de crescer juntos, talvez

Rabino Michel Schlesinger

por medo de que Caim e Abel se repetissem com esses dois irmãos, Isaac e Ismael, que vão se reencontrar somente no enterro de Abraão, no enterro do pai comum. A relação entre Jacó e Esaú: já brigavam dentro do béten, dentro do ventre da mãe: "E guardou Esaú rancor de Jacó pela bênção com que o bem disse seu pai, e disse Esaú em seu coração: 'Chegarão os dias de luto de meu pai e matarei Jacó meu irmão'" (Gênesis 27:41). Que loucura a Bíblia nos traz: uma descrição absolutamente sombria do que é a relação entre irmãos...

Mas existe um ponto de inflexão, existe uma mudança e ela acontece justamente na famosa história de José. Os irmãos querem se livrar de José porque acreditam que uma vez mais ele será o escolhido e os outros esquecidos. Jogam José num poço; José é carregado por ismaelitas até o Egito, lá ele assume um alto cargo da hierarquia egípcia e acolhe e abraça seus irmãos famintos. No final da história de José, que também é o final do livro de Gênesis, existe o fechamento da história que abriu com Caim e Abel como uma história de ódio entre irmãos: uma história de acolhimento, uma história de abraço, uma história de amor, que termina com o patriarca Jacó abençoando cada um de seus filhos, que darão origem às doze tribos de Israel, dizendo que cada um tem a sua bênção, cada um tem o seu espaço, cada um tem a sua verdade, e essa é a beleza da humanidade. Nós não devemos ficar com um só e deixar os outros de lado; o modelo de Caim e Abel é um modelo ruim. Viemos replicando esse modelo por várias gerações, e chegou o momento de acabar com isso. Assim está escrito: "Todas estas são as tribos de Israel, doze, e isto é o que lhes falou seu pai, e os abençoou, a cada um segundo sua bênção, os abençoou" (Gênesis 49:28). Não existe só uma bênção. A bênção não é só do primeiro, do primogênito, do querido, do amado... As bênçãos de Deus são ilimitadas, são infinitas. Nós estamos totalmente equivocados quando acreditamos que precisamos destruir o outro, matar o outro, para conquistar uma bênção; ao destruir o outro, estamos destruindo a possibilidade de sermos abençoados com a diversidade da raça humana.

Essa evolução que acontece dentro do Gênesis acontece na literatura bíblica de forma mais ampla. O tema da paz como principal objetivo de Deus é reafirmado nos profetas e escritos da Bíblia e está expresso também na literatura rabínica mais tarde. Isaías e Miqueias, por exemplo, profetizaram a respeito do dia em que nações abandonarão a guerra e transformarão suas armas em instrumento de trabalho. Eles consideram essa a essência da Torá, dada por Deus. A visão desses profetas parece contrastar com a visão de Deus como um líder militar nas primeiras obras da Bíblia. Assim como dentro do Gênesis existe uma evolução, um amadurecimento da humanidade na sua compreensão de que é possível viver em conjunto, existe também na Bíblia, pelo menos no Primeiro Testamento, como chamam nossos irmãos cristãos, ou na Bíblia Hebraica, como nós chamamos, existe também um amadurecimento. A relação que existe com a guerra no Pentateuco é uma, e a relação que existe com a guerra mais tarde, por exemplo, na literatura profética, é outra. A visão desses profetas parece contrastar com a visão de Deus como líder militar nas primeiras obras da Bíblia.

O Livro das Crônicas (Divrei HaIamim, em hebraico) faz uma crítica severa à guerra em diversas passagens, além de omitir muitas histórias relacionadas com a conquista de Canaã. Existe uma interpretação bíblica, feita pela própria Bíblia. Os livros que chegaram um pouco mais tarde, dentro da literatura bíblica, se relacionam com os livros anteriores, reforçando determinadas passagens e omitindo outras com as quais eles já não concordavam e não poderiam conviver. Nesse livro, no Livro de Crônicas, explica-se que o rei Davi não poderia construir o templo de Jerusalém porque lutou em diversas batalhas e suas mãos estavam sujas de sangue. Nós não tínhamos essa informação antes, nos livros de Reis. Nos livros de Reis sabemos que quem foi escolhido para construir o primeiro templo foi Salomão e não Davi, mas não entendemos o porquê, o porquê nos é dado mais tarde, por esse livro que acredita que o caminho da guerra é um caminho negativo, ruim, e que cabe ao ser humano construir uma sociedade que seja sociedade de paz. O judaísmo condena a guerra e exalta a paz, como um objetivo a ser perseguido por todos.

Mais tarde, na literatura rabínica, em especial no Talmud, existiram dois sábios, um chamado Hilel e outro chamado Shamai, e esses dois sábios, Hilel e Shamai, construíram duas grandes escolas, a escola de Hilel e a escola de Shamai. Essas duas escolas, essas duas correntes judaicas, discordavam em absolutamente tudo: se um falasse esquerda, o outro falava direita; se um falava pra cima, o outro falava pra baixo; se um falasse preto, o outro falava branco, e assim por diante. Discordavam em absolutamente tudo; mas diz o Talmud: apesar de terem discordado em absolutamente tudo, continuavam convivendo dentro da mesma comunidade (Talmud Babilônico Tratado de Ievamót 14b). E esse é um desafio enorme. O desafio enorme não é deixar de discordar: a discórdia enriquece a humanidade; seríamos muito pobres se pensássemos a mesma coisa, se agíssemos da mesma maneira, se reagíssemos da mesma forma. Que bom que a gente pensa de forma diferente, que bom que existe a discórdia, que bom que existe o debate! O desafio é continuarmos sendo parte da mesma família chamada humanidade, apesar da discórdia e talvez por conta dela, talvez em função dela, talvez por conta de uma discórdia que nos desafia cotidianamente a sermos pessoas melhores, a nos aprimorarmos enquanto seres humanos.

O mundo mantém-se por três princípios, diz a ética dos pais, "Pirkei Avot": pela verdade, pela justiça e pela paz (1:18). A ética dos pais é um trecho da Mishná, primeira parte da literatura talmúdica, do Talmud; paz é o ideal mais exaltado pelos rabinos do Talmud. O papel dos sábios é aumentar a paz no mundo, diz o Tratado de Brachót (64a). Infelizmente alguns sábios ou ditos sábios contribuem para o oposto disso, contribuem para a discórdia, para a perseguição e o preconceito. Esse não deve ser chamado de sábio, deve ser chamado de sábio somente aquele que contribui para uma sociedade de paz. As principais bênçãos e orações na liturgia judaica terminam com uma oração pela paz. Esse é o caso da Amida. Amida é uma reza que nós fazemos todos os dias, nós judeus, de manhã, à tarde e à noite, e a última frase dessa reza, dessa oração, é um pedido por paz. Kadish, quando nós lembramos da memória de um ente querido que faleceu, acabamos a reza pedindo por paz. Bênção dos Sacerdotes, Birkat ha-Cohanim, encerra-se com a palavra "shalom", com a palavra paz, bênção após as refeições, em nossa liturgia estamos o tempo todo rezando pela paz para conscientizar o ser humano de que ele tem que se aprimorar como indivíduo e, dessa maneira, ter mais ferramentas para contribuir para o mundo de paz.

O irmão de Moisés, Aarão, é considerado o modelo ideal da paz pela literatura rabínica. Hilel dizia: "Procurai ser como os discípulos de Aarão, amai a paz, procurai a paz, amai as pessoas e as aproximai da lei divina" (Pirkei Avót 1:12). Aarão aproximava duas pessoas que haviam brigado, dizendo que uma queria muito reconciliar-se com a outra. Então, quando duas pessoas tinham se desentendido, ele chegava pra uma e falava: "Olha, ele está morrendo de saudade de você, não sabe viver sem você, precisa se reconciliar"; chegava pro outro e contava a mesma história, e então, quando os dois se encontravam, se abraçavam, se beijavam e se reconciliavam. Aarão, segundo a literatura mítica, segundo Midrash, dedicava sua vida à reaproximação entre as pessoas, mas, poxa, ele contava uma pequena mentira, não é verdade? Ele contava uma pequena mentira... mas diz o Talmud que é permitido um leve desvio da verdade para estabelecer a paz. Para estabelecer a paz é permitido um leve desvio da verdade (Talmud Babilônico Tratado de Ievamót 65b). Difícil isso, né? Assustador, poxa, a verdade está sendo comprometida... Do ponto de vista da hierarquia, a literatura talmúdica decidiu que o princípio da paz é ainda maior do que o princípio da verdade...

Maridos e mulheres entendem bem o que isso significa. O que é mais importante, ter razão ou viver em paz? Às vezes a gente compromete, não é? Às vezes a gente compromete [aplausos], às vezes a gente compromete... Vale para relação com namorado, namorada, é igual... O professor Altmeyer está dizendo que vocês ainda não são casados... Mas sabem o que isso significa muito bem... sabem o que isso significa muito bem... Vou contar uma história muito rapidinha: a literatura talmúdica dá um exemplo engraçado sobre essa história de comprometer a verdade. Conta que antigamente, quando tinha um casamento e entrava a noiva, tinha uma música que se cantava, "que bela é a noiva, que linda é a noiva, seja bem-vinda a noiva, que é muito bela"... Essa é a música que se cantava quando chegava a noiva, e aí a literatura talmúdica pergunta: e se ela não for bela, o que que a gente faz? [risos] E a resposta de Hilel é: nós cantamos do mesmo jeito, nós cantamos a mesma música, da mesma forma, porque a verdade pode ser um pouquinho comprometida quando o objetivo for construir e consolidar a paz.

Para terminar: o patriarca Abraão, quando recebe três anjos em sua tenda, sai na direção desses anjos e os recebe com toda a hospitalidade do mundo, sem saber que se tratavam de anjos. Abraão não precisava saber, porque ele tinha a possibilidade de enxergar no outro um anjo de Deus, independentemente de quem fosse. Essa é uma das mais lindas histórias da literatura bíblica, um homem que vai em direção ao estranho, ao estranho que precisa de abrigo, ao estranho que precisa de água, ao estranho que precisa de comida, que precisa refrescar os pés, depois de ter caminhado muito tempo no deserto, e Abraão, sem saber que se tratavam de anjos de Deus – isso não é por acaso, porque ele estava equipado com a possibilidade de ver no outro um anjo de Deus, qualquer que fosse o outro.

E o último trecho que eu quero trazer para vocês é justamente sobre a criação do mundo. Diz o Midrash (Bereshit Raba 12), lenda rabínica, que Deus, quando criou o mundo, procurou fazer um equilíbrio total entre o céu e a terra para que houvesse paz no mundo. Vejam que bonito, e com isto nós terminamos: disse o rabino Shimon, filho de Chalafta: "A paz é importante quando Deus criou o mundo, promoveu a paz entre o céu e a terra. No primeiro dia criou tanto o céu quanto a terra; no segundo dia separou as águas do céu, no terceiro criou a grama da terra, no quarto criou os astros, no quinto criou os répteis, no sexto dia resolveu criar o primeiro homem e a primeira mulher e pensou: 'se Eu criá-los do céu, o céu teria superado a terra em uma criação. Se eu criá-los da terra, então a terra superaria o céu em uma criação e não haveria paz no mundo. Então vou criá-los do céu e da terra'".

Por isso, o homem foi criado do pó da terra e a alma soprada em suas narinas veio do céu. Cada uma e cada um de nós carrega essa responsabilidade de reconciliar céu e terra e promover a paz. Shalom.

■ Construindo a paz com uma palavra assustadora: o caso de Fethullah Gülen e o movimento Hizmet

Suleyman Eris

Construindo a paz com uma palavra assustadora: o caso de Fethullah Gülen e o movimento Hizmet[1]

Suleyman Eris[2]

Tradução de Gabriel Ribeiro

Em suas essências, as religiões buscam e afirmam trazer a paz, tranquilidade e espiritualidade para nosso mundo. No entanto, a História e nossas experiências contemporâneas com religiões provam que, em muitos casos, pessoas agem em nome da religião trazendo terror ao mundo. Hoje em dia, vemos essa contradição entre os propósitos de uma religião e as ações de alguns representantes religiosos como um fenômeno global. De fato, cada religião produz seus próprios terroristas que, agindo em nome de Deus, destroem o mundo para salvá-lo. De Timothy McVeigh a Osama bin Laden, de Shoko Asahara a Yoel Lerner e outros, quase nenhuma religião consegue fugir de seus terroristas, que afirmam defendê-la.

O islã é hoje o exemplo mais divulgado disso. A palavra "islã" significa "paz", e a definição de um muçulmano é aquele que se submete à paz. Contudo, atualmente, os atos mais destrutivos e fatais vêm de terroristas que afirmam ser muçulmanos. O Ummah, que é o coletivo da população muçulmana, não apoia tais atos e os

---

1. Este texto corresponde à fala de Suleyman Eris proferida durante a Conferência.
2. É presidente fundador da Respect Graduate School (Escola Superior Respect) na Pensilvânia-EUA. A escola oferece atualmente curso de mestrado em Artes nos Estudos Islâmicos (MAIS). Eris fez seu bacharelado na Turquia, na Faculdade de Teologia da Universidade de Uludag, e mestrado na Universidade da Georgia, sobre o sufismo. Atualmente, é doutorando na Universidade Temple na Filadélfia. É autor do livro *Islam: Belief and Practice* ["O islã: crença e prática"] e de uma série de artigos acadêmicos.

percebe como lama lançada contra a face brilhante do islã. Do outro lado da moeda, esses terroristas usam o termo islâmico jihad para justificar seus atos e motivar seus apoiadores e recrutas em potencial.

Neste artigo, analisarei as ideias de Fethullah Gülen com relação a jihad, sem questionar sua autenticidade dentro da tradição islâmica como um todo. Acredito que as posições de Gülen merecem atenção por dois motivos: primeiro, como um estudioso sunita da escola Hanafi Maturidi, Gülen e suas ideias refletem largamente a posição aceita da Ummah em relação ao conceito de jihad. Em segundo lugar, para além de seu mérito teórico, as ideias de Gülen também têm valor prático no mundo contemporâneo porque milhões de pessoas o consideram uma figura inspiradora e põem suas ideias em prática através de uma iniciativa global chamada de Movimento Hizmet.

Gülen descreve a palavra "islã" da seguinte forma:

> A palavra islã vem de uma raiz que significa paz e segurança, com a conotação de submissão a Deus e obediência às suas instruções, atingindo a segurança e salvação ao caminhar por uma estrada segura, sendo confiável não só para todos, mas para tudo, e evitando perturbar os outros, seja agindo ou falando.[3]

No trecho a seguir, Gülen descreve a religião do islã:

> O islã está estabelecido na eternidade, além do tempo e do espaço. Ele fala para o coração humano, cuja espiritualidade abarca os céus e a terra, e cuja finalidade é a felicidade neste mundo e no próximo. O islã é... um sistema de pensamento enviado pelos céus para triunfar em todos os corações.[4]

Desses dois trechos, podemos entender que islã é uma palavra que significa paz e que a palavra muçulmano se refere à pessoa de cujas palavras e ações todos estão a salvo. Da mesma forma, como religião, o autoentendimento do islã se baseia na crença de que, enquanto sistema de pensamento, ele vem da

---

3. Gülen (2011, p. 61).
4. Gülen (2013, p. 167).

eternidade, atinge os corações dos humanos, e almeja trazer felicidade tanto neste mundo quanto no outro. Assim como qualquer outro sistema de pensamento, o islã requer sua aplicação por parte de seus seguidores para fornecer a felicidade que promete. A aplicação do islã como sistema e sua presença em todos os aspectos da vida de um crente verdadeiro requer, certamente, muito esforço por parte de seus seguidores. Em outras palavras, os muçulmanos devem se esforçar bastante para aplicar o islã pessoal e socialmente, encorajando uns aos outros a fazer o certo e desencorajando uns aos outros de fazer o que não é certo, para que possam obter a felicidade que lhes foi prometida. Nesse aspecto, todos os esforços realizados para obter tal felicidade são considerados jihad, porque jihad é uma palavra que significa esforço, empenho e diligência. Por isso, o profeta Maomé diz: "A maior jihad é dizer palavras de justiça e verdade para um governante opressor"[5]. Obviamente, falar a verdade para um governante opressor e proibi-lo de cometer injustiças exige muita coragem e empenho; contudo, para estabelecer a justiça na sociedade, os muçulmanos são obrigados a fazer tal jihad. Devido a essa difícil natureza da jihad, o Alcorão exalta os primeiros muçulmanos como as melhores pessoas: "Sois a melhor nação que surgiu na humanidade, porque recomendais o bem, proibis o ilícito e credes em Deus".[6]

Baseado nessa análise, podemos descrever jihad da seguinte forma: jihad é qualquer tipo de esforço e empenho exercido por muçulmanos para obter a felicidade que o islã promete. Com essa descrição em mente, podemos analisar o conceito de jihad nas ideias de Fethullah Gülen em duas categorias: primeiro, jihad como um dever civil. Em segundo lugar, jihad como um dever do Estado.

Jihad como um dever civil

Em uma sociedade muçulmana, a jihad começa no indivíduo e, assim como em qualquer outra sociedade, encontra sua forma coletiva em organizações e instituições sociais. No nível do indivíduo, ela possui duas camadas, que podem ser

---

5. Ebû Davud, Melahim 17; bk. Tirmizî, Fiten 13; Nesâî, Bey'at 37; Ibn Mâce, Fiten 20; Ahmed b. Hanbel, Müsned, III, 19, 61; IV, 314, 315; V, 251, 256. Beyhakî, es-Sünenu'l-kübrâ, X, 91; Begavî, Serhu's-sünne, X, 65-66.
6. Alcorão Sagrado, 3/110.

chamadas de jihad interna e jihad externa. Nos escritos de Gülen, é possível encontrar essa divisão em sua citação de um famoso hadith a respeito da jihad: Um dia, voltando de um campo de batalha para a cidade, o profeta Maomé (que a paz esteja sobre ele) disse a seus companheiros: "Agora estamos voltando da jihad menor para a grande jihad". Seus companheiros perguntaram: "Qual é a grande jihad?", e o Profeta respondeu: "é a batalha contra os desejos ilegítimos do eu-carnal"[7]. Para Gülen, lutar contra os desejos da carne é o tipo mais importante de jihad, porque o sucesso de uma pessoa depende completamente no sucesso dessa jihad interna. Gülen pensa que aqueles que perdem a jihad interna raramente têm sucesso em seus afazeres externos, nunca conseguindo finalizá-los e atingir seus objetivos.[8]

A luta contra o eu é a jihad mais difícil porque o inimigo está sempre presente e nunca dorme. O Profeta Maomé diz: "Seu inimigo mais severo é o que você carrega em seu peito".[9] Além disso, de luxúria, raiva, má vontade, rancor, ódio, irritação, arrogância, egoísmo, inveja e injustiça, seus artifícios são numerosos e sutis. Por isso, mesmo o Profeta Maomé busca a ajuda de Deus nessa batalha e pede ao Senhor: "Não me deixe comigo mesmo, mesmo por uma piscada de olhos!".[10] Devido a essa dificuldade, assim como seus impactos nos afazeres externos da pessoa, a jihad contra o eu recebe muita atenção por parte de estudiosos muçulmanos. Na literatura islâmica, uma ciência islâmica em especial, chamada de Sufismo, se dedica à teoria e a prática dessa jihad interna. Aliás, Fethullah Gülen, além de seus conhecimentos de outras ciências islâmicas, é considerado uma autoridade no Sufismo e dedicou quatro volumes especificamente aos conceitos dessa ciência.

Enquanto um indivíduo se esforça para substituir desejos negativos do eu com as qualidades positivas do coração em um nível interno, outro tipo de jihad ocorre no nível externo. Um estudioso se esforça intelectualmente para resolver um problema que confunde a sociedade, um assistente social se esforça para auxiliar famílias desestruturadas, um jogador de futebol vive uma vida socialmente

---

7. El-Aclûnî, Kesfu'l-hafâ, 1/511.
8. Gülen (1998).
9. El-Aclûnî, Kesfü'l-Hafâ, 1/143; Gazâlî, Ihyâ-u Ulûmi'd-Dîn, 3/4.
10. Susan Abu Davud, Jihad 35; Musned, 5/288.

responsável para ser um bom modelo para as gerações mais novas, uma mãe acorda no meio da noite para alimentar seu filho e um filho ajuda seus pais quando eles envelhecem. Todas essas ações sinceras são consideradas a jihad externa que um muçulmano faz. Assim, o Profeta pergunta a uma pessoa que quer ir para a guerra com o exército se seus pais estão vivos. Se a pessoa diz que sim, o profeta responde: "Faça a jihad servindo a eles".[11]

A extensão natural da jihad individual com suas dimensões internas e externas é a jihad coletiva, que toma forma em organizações e instituições sociais. Pessoas que experimentam a beleza de buscar o bem em suas vidas particulares tendem a estender essa beleza para a sociedade com esforços coletivos. Para esse tipo de jihad coletiva, Gülen tem uma posição excepcional, porque milhões de pessoas levam suas ideias a sério e as implementam em suas respectivas sociedades. Elas abrem escolas, centros de diálogo, hospitais, agências de mídia, organizações de apoio, universidades, centros de estudos, instituições financeiras e *think tanks*. Hoje, existem mais de 1400 dessas instituições em 170 países. Gülen se refere a esses esforços coletivos com uma palavra em turco, Hizmet, que significa "serviço". Hakan Yavuz identifica os objetivos de Gülen e os esforços do Hizmet como "aumentar a autoconsciência muçulmana, aprofundar o significado de práticas e costumes da sociedade, empoderar grupos sociais excluídos através da educação e de redes de contatos e criar soluções justas e pacíficas para os problemas sociais e psicológicos da sociedade".[12] Para Robinson, Gülen e o Movimento Hizmet são uma expressão social visando a uma contribuição além da comunidade muçulmana, embora leve em conta o indivíduo muçulmano:

> O muçulmano também é um cidadão. Isso vai além da visão individualista de cidadania, tratando-se de cidadania como responsabilidade mútua e, portanto, essencialmente social em sua expressão. Gülen, em sua visão de cidadania, vê a importância de uma sociedade civil e de os muçulmanos contribuírem para essa sociedade civil, não focando apenas na comunidade muçulmana.[13]

---

11. Buhari Jihad 138; Muslim Birr 5.
12. Yavuz, Esposito (2003, p. 19).
13. Marty (2015, p. 82).

Jihad como dever do Estado

Quando o termo jihad é usado no contexto de dever do Estado, o significado primário da palavra é o de guerra. Nessa acepção do termo, o islã faz uma distinção clara entre o indivíduo e o Estado, com o dever desse tipo de jihad sendo apenas do estado. Fethullah Gülen afirma que:

> As regras do islã são claras. Indivíduos não podem declarar guerra. Um grupo ou uma organização não podem declarar guerra. A guerra é declarada pelo Estado. Uma guerra não pode ser declarada sem que um presidente ou um exército digam, primeiro, que uma guerra está em curso. De outra forma, é um ato de terror.[14]

Além disso, Gülen afirma que mesmo o presidente não tem a liberdade de declarar guerra por si só. Ele é obrigado a consultar a nação, porque a decisão que ele toma afetará seu povo. Gülen afirma que:

> No islã, a consulta é essencial, e tanto os governantes quanto os governados devem obedecer. O governante é responsável por consultar o povo sobre política de Estado, governo, legislação e tudo relacionado à sociedade; os governados são responsáveis por expressar seus pontos de vista e pensamentos ao governante.[15]

Para Gülen, a consulta é uma obrigação não só para um presidente escolhido por seu povo, mas também para o profeta, eleito e confirmado por Deus. Assim, o Alcorão ordena que o Profeta Maomé (que a paz esteja com ele) consulte seu povo, dizendo: "Consulte-os nos assuntos (de interesse público)".[16]

Quando aborda a situação contemporânea dos muçulmanos pela perspectiva da jihad como dever do Estado, Gülen afirma que os muçulmanos estão distantes de construir um Estado onde o islã seja vivido verdadeiramente. Ele diz que, hoje, "um mundo do islã não existe de fato. Existem lugares onde

---

14. Capan (2004, p. 2).
15. Gülen (2007, p. 42).
16. Idem, p. 45.

muçulmanos vivem. Existem mais muçulmanos em alguns lugares e menos em outros... Hoje, existe o islã do indivíduo".[17] Portanto, em nosso mundo contemporâneo, o conceito de guerra de acordo com as regras do islã é completamente nulo e sem validade.

Pessoas como Osama bin Laden e organizações como o Estado Islâmico são bandidos que roubaram o nome do islã para seus próprios sentimentos, desejos e objetivos. Essas pessoas ou organizações não podem ser vistas como muçulmanas, porque o terror e as mortes que causam tornam impossível que eles permaneçam muçulmanos, independentemente do quanto eles digam ser muçulmanos.[18] Para essa afirmação de Gülen, existem duas justificações teológicas: primeiro, no islã, matar pessoas inocentes é um grande crime. O Alcorão diz que "aquele que matar um ser humano pelo massacre e a corrupção na Terra, será como se tivesse matado toda a humanidade..".[19] Portanto, esses terroristas não podem ser muçulmanos porque, sob o disfarce do termo jihad, eles legitimam o que o Alcorão identifica como um grande crime. Em segundo lugar, se eles cometem esses assassinatos acreditando que são grandes crimes, não podem permanecer muçulmanos por causa do verso corânico "Qual! Em seus corações há a ignomínia, pelo que cometeram".[20]

Considerações finais

Hoje em dia, tanto muçulmanos quanto não muçulmanos estão consideravelmente desinformados, ignorando ou sendo enganados sobre o conceito de jihad. Temos medo até de pronunciar a palavra. A abordagem categórica do conceito feita por Gülen – que formulei de forma binária, jihad como dever civil e jihad como dever do Estado – é muito útil para esclarecer a ambivalência do conceito. Gülen enfatiza a jihad como um dever civil. Seus quatro volumes sobre Sufismo são uma fonte competente para a jihad interna que todo muçulmano deve fazer. Além disso, o Movimento Hizmet que Gülen inspira abre numerosas

---

17. Capan (2004, p. 3).
18. Idem, p. 1-2.
19. Alcorão Sagrado, 5/32.
20. Alcorão Sagrado, 83/14.

oportunidades para os muçulmanos exercerem a jihad externa, tanto no plano individual quanto no coletivo. Como Kilinc observa, através de seus repertórios normativos e instituições modernas, o Movimento Hizmet permite que os muçulmanos se insiram no contexto liberal contemporâneo e afirmem sua existência com identidade própria.[21] Isso certamente elimina a frustração dos supracitados grupos ou indivíduos terroristas diante do mundo liberal moderno.

Referências

ALCORÃO SAGRADO. Português. Tradução, introdução e anotações de Samir El Hayek. eBookLibris, 2006.

BARTON, Greg; WELLER, Paul; YILMAZ, Ihsan (Org.). *The Muslim World and Politics in Transition*. London: Bloomsbury, 2013.

CAPAN, Ergun (Org.). *Terror and Suicide Attacks*. New Jersey: The Light, 2004.

GÜLEN, Fethullah. *Irşad Ekseni*. Izmir: Nil publication, 1998.

_____. *The Statue of Our Souls*. New Jersey: The Light, 2007.

_____. *Kendi Dunyamiza Dogru*. Istambul: Nil Yayinlari, 2011.

_____. *So That Others May Live*. Edição e tradução de Erkan Kurt. New York: Blue Dome Press, 2013.

MARTY, Martin E. (Org.). *Hizmet Means Service*. California: University of California Press, 2015.

YAVUZ, Hakan. *Turkish Islam and The Secular State*. New York: Syracuse University Press, 2003.

---

21. Barton, Weller, Yilmaz (2013, p. 95).

■ Counter Extremism Project: a informação a serviço da paz

Beatriz Lopes Buarque ■

Counter Extremism Project: a informação a serviço da paz[1]
Beatriz Lopes Buarque[2]

Introdução

Na era digital marcada pela convergência das mídias, pela instantaneidade e pelo livre acesso à informação, os extremistas encontram terreno fértil para propagar suas ideias e angariar adeptos. O rádio, os jornais murais e o cinema abriram espaço para que a comunicação se tornasse uma importante via de passagem para mensagens ideológicas. Na Segunda Guerra Mundial, os nazistas usaram bastante essa "máquina midiática" para conquistar simpatizantes e justificar a morte de milhões de judeus.

De 1939 até os dias de hoje, as ferramentas comunicacionais se diversificaram e o poder da informação cresceu. O Estado Islâmico, ciente disso, reforçou o investimento na mídia e criou uma própria agência de notícias, revistas em variadas línguas, um documentário e mais recentemente um aplicativo no qual as pessoas podem acompanhar os recentes feitos do grupo extremista. O uso da mídia pelos extremistas não é novo. Al-Qaeda já fazia isso, bem como o Hamas. O que parece ser novo e chama a atenção são as múltiplas plataformas adotadas pelo Estado Islâmico, a qualidade das mensagens veiculadas e o amplo alcance delas.

---

1. Este texto corresponde ao artigo enviado por Beatriz Lopes Buarque à Conferência.
2. É jornalista, graduada pela Universidade Federal do Rio de Janeiro.

■ Counter Extremism Project: a informação a serviço da paz

Diante dessa estratégia não bélica, mas não menos poderosa, um grupo de diplomatas e líderes internacionais decidiu criar o Counter Extremism Project, em setembro de 2014, na tentativa de combater o extremismo por meio de uma campanha de ação internacional para evidenciar as redes de apoio aos extremistas obscurecidas pela ampla gama de informações veiculada na internet.

Por meio de divulgações diárias, incluindo textos próprios do grupo e um resumo das notícias sobre o extremismo veiculadas em alguns dos principais jornais do Ocidente e do Oriente Médio, o Counter Extremism Project divulga perfis de simpatizantes e recrutadores de ideologias extremistas, revela algumas empresas que financiam organizações terroristas e as pressiona para que parem de fornecer carros, dinheiro e insumos para os terroristas.

A batalha pela paz na mídia não é menos árdua do que a enfrentada pelos soldados em terra. No computador, nos *tablets* e no celular vemos circular todo tipo de informação e não se pode subestimar a inteligência dos extremistas. No contexto atual, onde muito se fala sobre a ameaça que o Estado Islâmico representa ao Ocidente, torna-se necessário estudar essa nova forma de combate: a informação. O objetivo principal deste artigo é analisar as estratégias utilizadas pelo Counter Extremism Project para conter o avanço das ideologias extremistas, principalmente do Estado Islâmico e, assim, tentar garantir a paz que há muito tempo não se vê no Ocidente e no Oriente Médio.

Recentemente, muitos pesquisadores têm se debruçado sobre o estudo do islamismo e de suas correntes radicais, mas ainda é raro encontrar estudos sobre o contraterrorismo na mídia justamente porque muito pouco parece ter sido feito nesse sentido. Não encontramos na internet muitos sites empenhados em fornecer informação sobre os extremistas para evitar que eles conquistem mais adeptos. É aqui que reside a importância deste artigo, partindo da hipótese de que a informação constitui uma ferramenta importante no combate às ideologias extremistas.

O presente artigo focará especificamente nas estratégias adotadas pelo Counter Extremism Project no tocante ao Estado Islâmico, visto que esse é o grupo radical que parece, atualmente, utilizar mais fortemente a mídia para angariar adeptos do mundo todo.

O Estado Islâmico

Muitos pesquisadores acreditam que as raízes do extremismo muçulmano remontam ao século 18, quando começaram a surgir movimentos em prol da pureza do islã. Daí veio o wahhabismo – uma das correntes que parecem ter sido a que mais influenciou o idealizador do Estado Islâmico, o jordaniano Abu Musab al-Zarqawi.

> Post-9/11, Wahhabism has been identified by governments, political analysts and the media as the major "Islamic threat" facing Western Civilization and the inspiration for Osama bin Laden and his Al-Qaeda network. (...) It has been characterized as Islamo-fascism following in the traditions of Comunism and Nazism. It is accused of inspiring militant religious extremism in movements ranging from the taliban of Afghanistan to the so-called Wahhabis of Central Asia and Osama bin-Laden's al-Qaeda network. It is targeted as the most intolerant of all interpretations of Islam, seeking to impose itself alone as the expression of "true" Islam. (Natana, 2004, p. 3)

Quando o livro acima foi escrito, o Estado Islâmico ainda não havia se consolidado na Síria e no Iraque – o que veio a acontecer em junho de 2014 –, mas ele revela uma característica que já havia surgido com a Al-Qaeda e que ganhou proporções ainda mais radicais com o Estado Islâmico: a ideia de pureza do islã. A doutrina do ISIS está centrada na formação do Califado a partir da conquista de novos territórios e da morte dos infiéis, incluindo os muçulmanos xiitas. A doutrina Salafista seguida pelo Estado Islâmico prevê o renascimento de práticas adotadas na Era Medieval, como crucificação, escravidão, morte para todos aqueles que não seguem a vertente sunita do islamismo.

É essa noção de pureza almejada pelo grupo radical que se assemelha muito à ideologia nazista: a morte é o caminho para aqueles que não são puros.

> O nazismo tinha como um de seus princípios fundamentais a missão de "embelezar" o mundo, que, em tempos antigos, havia sido resplandecente em beleza. Na ótica nazista, a miscigenação e a degeneração o teriam transformado em ruínas, e só com o retorno aos velhos ideais, a sociedade poderia florescer novamente. Para isso, o regime nazista desenvolveu

um imenso aparato propagandista, ideológico e repressivo tanto para doutrinar e enquadrar os membros da Comunidade do Povo quanto para discriminar aqueles que não se encaixavam ao modelo ideal de alemão concebido pela ideologia nazista. (Herf, 2014, p. 14)

Ou seja, décadas após a derrota do nazismo, o mundo vê o ressurgimento de uma ideologia que justifica a morte de milhares de pessoas pela pureza de uma etnia. No entanto, em sessenta anos a tecnologia avançou bastante e o poder da informação atingiu proporções inimagináveis.

A propaganda do Estado Islâmico e o recrutamento de jovens ocidentais

Visando divulgar sua ideologia extremista, o Estado Islâmico criou sua própria agência de notícias: o Al-Hayat Media Center. Nela é possível encontrar vídeos de propaganda do grupo com estrangeiros explicando por que os jovens devem apoiar o ISIS; mensagens de apoio ao grupo publicadas no Twitter; e um documentário muito bem gravado e produzido pelo Estado Islâmico, convocando os Estados Unidos para a Batalha Final[3].

Além do site, a revista eletrônica Dabiq[4], divulgada mensalmente pelo grupo, constitui outra ferramenta importante no recrutamento de jovens ocidentais. A primeira edição foi divulgada em inglês em julho de 2014 e depois a revista foi traduzida para o árabe, francês, espanhol, alemão e russo. Além desse veículo, o grupo também passou a publicar recentemente a revista Constantinople (*Konstantiniyye*), em turco.

No tocante às redes sociais, o grupo possui amplo alcance pelo Twitter, Facebook, YouTube, Tumblr e askFM. Isso sem contar o uso de aplicativos de mensagens privadas e até mesmo um aplicativo próprio de divulgação das informações do Estado Islâmico.

---

3. O filme *Flames of War* é encontrado no link <https://alhayatmedia.wordpress.com/flames-of-war/> (acesso em: 6 nov. 2017) e faz amplo uso de estratégias visuais para atrair a atenção dos jovens: imagens de ação, canções que mostram o lado lúdico do islamismo e imagens de pessoas e crianças felizes com a conquista de novos territórios.
4. O nome da revista Dabiq faz menção ao local onde os seguidores do Estado Islâmico acreditam que será travada a batalha final contra o Ocidente. As edições da revista eletrônica Dabiq podem ser acessadas no link: <http://jihadology.net/category/dabiq-magazine/>. Acesso em: 6 nov. 2017.

De forma resumida, pela internet, pela rádio e pela mídia impressa – lembrando que a revista Dabiq também tem edição impressa –, o Estado Islâmico faz propaganda dos seus atos e de sua doutrina em diferentes línguas com o objetivo de unificar os muçulmanos e expandir o território do Califado.

A estratégia de violência do Estado Islâmico não teria tanta força no Ocidente se não fosse amplamente divulgada. Numa sociedade onde tudo é transitório e instantâneo, as imagens desempenham um papel mais forte no imaginário. Ao falar da fotografia, o filósofo tcheco Vilém Flusser parecia prever o poder que as imagens iriam representar na sociedade atual.

> ... eis como fotografias são recebidas: enquanto objetos, não têm valor, pois todos sabem fazê-las e delas fazem o que bem entendem. Na realidade, são elas que manipulam o receptor para comportamento ritual, em proveito dos aparelhos. Reprimem a sua consciência histórica e desviam a sua faculdade crítica para que a estupidez absurda do funcionamento não seja conscientizada. Assim, as fotografias vão formando círculo mágico em torno da sociedade, o universo das fotografias. (1985, p. 33)

É nesta sociedade, onde as representações possuem mais força do que o ser, que as mensagens do Estado Islâmico, dotadas de estratégias sensíveis[5] para persuadir os jovens, encontram terreno fértil. O sociólogo Zygmunt Bauman dá uma pista de uma das possíveis causas do crescente aumento de adeptos das ideologias extremistas pelo mundo:

> Na verdade, a mensagem hoje carregada de grande poder de persuasão pelos mais ubiquamente eficazes meios de comunicação cultural (e, vamos acrescentar, facilmente lida até o fim pelos receptores contra o pano de fundo de sua própria experiência, auxiliados e favorecidos pela lógica da liberdade do consumidor) é uma mensagem da indeterminação e maleabilidade do mundo: neste mundo, tudo pode acontecer e tudo pode ser feito, mas nada pode ser feito uma vez por todas – e o que quer que aconteça chega sem se

---

5. As estratégias adotadas pelas produções do grupo radical se assemelham muito às adotadas pelas propagandas capitalistas. Ou seja, as mensagens fazem apelos emocionais ao interlocutor através de imagens que passam a ideia de que o Califado é próspero e justo e reforçam a ideia de que a corrente sunita do islamismo é a única que pode levar a pessoa à salvação.

anunciar e vai-se embora sem aviso. Neste mundo, os laços são dissimulados em encontros sucessivos, as identidades em máscaras sucessivamente usadas, a história da vida numa série de episódios cuja única consequência duradoura é a sua igualmente efêmera memória. (1997, p. 36)

A identidade que antes era algo construído ao longo do tempo e imutável, agora é descartável. A possibilidade oferecida pelo capitalismo de adotar diferentes identidades ao longo do tempo abriu caminho para que jovens que se sentem marginalizados sintam conforto na ideologia vendida pelo Estado Islâmico. Essa é apenas uma das possíveis explicações para o crescente número de jovens ocidentais que largam as famílias e vão para a Síria dispostos a morrer por uma ideologia que acabaram de conhecer. Ou seja, a multiplicidade de identidade oferecida pelo capitalismo abriu uma fresta para que o terrorismo ganhasse terreno.

Isso fica ainda mais evidente quando vemos o número de jovens que enveredaram pelo caminho do extremismo religioso. Dados do International Centre for The Study of Radicalisation and Political Violence mostram que até o ano passado 20 mil estrangeiros de 80 países largaram suas famílias e foram para a Síria e o Iraque lutar ao lado dos grupos extremistas – aproximadamente um quarto deles era do Ocidente e a grande maioria saiu da Tunísia, Arábia Saudita, Marrocos e Jordânia.

Counter Extremism Project e as estratégias de contrainformação

O alcance que a propaganda extremista conquistou na era digital, principalmente quando nos referimos ao Estado Islâmico, é um dos fatores que impulsionaram o surgimento do Counter Extremism Project. O embaixador Mark D. Wallace, CEO da empresa, reconheceu que, nas áreas onde o governo não poderia atuar de modo eficaz, as organizações privadas deveriam desempenhar um papel importante e ele encontrou esse vácuo no tocante às informações sobre os grupos extremistas. Com isso, ele reuniu um grupo de líderes internacionais e diplomatas e criou o Counter Extremism Project.

O projeto surgiu a partir de doações particulares e passou a atuar como uma organização não governamental, sem partido, desempenhando não apenas um papel educativo, ao fornecer informações ao público sobre os grupos extremistas, mas também uma função de cobrança de atitude de empresas e autoridades, como, por exemplo, na cobrança de resposta da Toyota sobre os carros da companhia que apareciam nos vídeos do Estado Islâmico e na cobrança de estratégias mais eficazes do Twitter para impedir a circulação de mensagens extremistas[6].

Inicialmente com sede em Nova York e Washington, a organização logo se expandiu e passou a ter escritórios em Bruxelas, Berlim, Londres e, também, no Oriente Médio.

Apesar de fornecer informações sobre variados grupos extremistas, no ano passado, o Estado Islâmico ganhou uma evidência perante os demais, principalmente devido ao volume de textos e vídeos produzidos para cooptar novos seguidores. No quadro abaixo é possível ter uma ideia da importância que o grupo radical adquiriu no cenário geopolítico a partir das notícias divulgadas no site do CEP. Quase metade das matérias publicadas no site em 2015 (47,91%) fez menção ao grupo liderado por Abu Bakr al-Baghdadi. Em seguida aparecem outros temas, como estudos sobre jovens que deixaram as casas e aderiram ao terrorismo, pressões sobre empresas que financiam os grupos terroristas, matérias sobre as redes sociais que não possuem um bloqueio eficiente às propagandas extremistas.

---

6. Essas reportagens podem ser encontradas nos links: <http://abcnews.go.com/International/us-officials-isis--toyota-trucks/story?id=34266539> (no caso dos carros da Toyota, o CEO do Counter Extremism Project, o ex-embaixador americano Mark D. Wallace, foi entrevistado pelas redes americanas de televisão e cobrou pessoalmente uma resposta da companhia sobre o aparecimento dos carros nos vídeos do grupo terrorista Estado Islâmico) e <http://www.counterextremism.com/press/counter-extremism-project-leading-%E2%80%93-and--twitter-finally-responding>. Acesso em: 6 nov. 2017.

■ Counter Extremism Project: a informação a serviço da paz

O volume de conteúdo produzido sobre o Estado Islâmico constitui rica fonte de informação sobre o grupo extremista e pode ser acessado de diferentes formas: através das abas de pesquisa do site, bem como no próprio e-mail do leitor. Ao deixar o endereço eletrônico no site, o CEP passa a enviar um e-mail diário com as principais notícias sobre os grupos radicais veiculadas nos maiores veículos de mídia do Ocidente e do Oriente Médio, bem como relatórios exclusivos produzidos periodicamente sobre o avanço, atuação e perfil dos grupos terroristas.

O site do Counter Extremism Project também oferece a opção de acessar o conteúdo nos idiomas turco e árabe[7]. Na aba News and Media é possível encontrar o que foi divulgado em diversos jornais – do Ocidente e do Oriente Médio – sobre diferentes grupos radicais, bem como análises dos próprios líderes do projeto publicadas no CounterPoint Blog. É aí também que se encontra um resumo das notícias sobre o CEP que saíram nas redes americanas de TV ou nos jornais.

A equipe da organização também monitora constantemente as contas do Twitter em inglês, francês, alemão, árabe, italiano e turco, possibilitando a produção de relatórios importantes como: os perfis dos 66 americanos que se juntaram ou tentaram se juntar ao Estado Islâmico; perfis de 48 recrutadores importantes do Estado Islâmico, propagandistas e incitadores à violência no Twitter. Esse acompanhamento das redes sociais é chamado de CEP Digital Disruption Campaign e constitui uma das principais frentes de ação do grupo, visto que o Estado Islâmico e outros grupos extremistas utilizam variadas redes sociais para veicular sua propaganda, recrutar soldados e incitar a violência. Essa ação do CEP parece ter dado bons resultados na medida em que o monitoramento sistemático do Twitter resultou na exclusão de centenas de contas de extremistas. Os dados obtidos pela organização são compartilhados com os responsáveis pelo Twitter que, então, podem excluir a conta de pessoas identificadas com ideologias extremistas.

Uma outra ação do Counter Extremism Project no combate à propagação da ideologia extremista fica evidente na aba Take Action, na qual o leitor

---

7. Link do Counter Extremism Project: <http://www.counterextremism.com/>.

pode assinar eletronicamente a petição para pressionar o Twitter a adotar políticas mais eficientes a fim de evitar que os terroristas usem livremente as redes sociais para propagar a ideologia extremista. Ou seja, além de colocar uma rede de advogados e seus próprios líderes para pressionar os CEOs do Twitter, a organização também pede ajuda à população uma vez que a livre circulação de informação na internet e o amplo acesso de diferentes camadas sociais acabaram fortalecendo os grupos extremistas que aproveitam as brechas das redes sociais para propagar sua ideologia.

Além de ter uma postura muito ativa, o CEP também é conhecido por ser uma ampla fonte de informações sobre os grupos extremistas. Na aba superior Research é possível encontrar um vasto material sobre diversos grupos terroristas. Ao escolher um deles, o leitor vai encontrar informações sobre o surgimento do grupo, a doutrina, o modo de organização e financiamento, o treinamento de recrutas, os principais atentados articulados pelo grupo, os diferentes nomes pelos quais é conhecido, o nome dos principais líderes e um resumo do que a mídia veiculou sobre cada grupo nos últimos meses. Ao procurar informações sobre o Estado Islâmico, o leitor irá encontrar 36 páginas dedicadas ao assunto, incluindo um item inteiramente dedicado à propaganda produzida por ele, tamanha é a relevância dessa estratégia na consolidação do Califado e da ideologia sunita radical.

Nesse mesmo espaço, no canto direito, é possível acessar um banco de dados elaborado pelo Counter Extremism Project com os perfis de vários extremistas, incluindo líderes, recrutadores, financiadores e até soldados estrangeiros. Esse banco de dados disponível na internet é muito importante visto que muitos desses terroristas continuam agindo livremente e, por isso, podem estar tentando recrutar novos seguidores. Na medida em que um leitor toma conhecimento dessa ferramenta, ele pode acessá-la para descobrir se a pessoa com quem tem conversado, por exemplo, pertence a algum grupo radical. Ou seja, é um espaço muito importante para evitar que mais pessoas sejam cooptadas pelo Estado Islâmico.

No CEP Research and Analysis estão também à disposição diversos estudos que a instituição elaborou sobre as ideologias extremistas, incluindo uma análise sobre a evolução das ferramentas comunicacionais adotadas pelos grupos terroristas.

■ Counter Extremism Project: a informação a serviço da paz

Diante do exposto acima, pode-se identificar no Counter Extremism Project dois tipos fundamentais de estratégia de combate ao terrorismo: uma baseada na ação, por meio da pressão por um bloqueio mais eficiente das contas de extremistas nas redes sociais; e uma outra estratégia fundamentada na publicação da maior quantidade possível de informação sobre variados grupos extremistas, seus componentes, seus modos de ação e até sobre algumas pessoas que foram persuadidas e estão sendo procuradas pela polícia internacional como terroristas em potencial. Ao tornar pública toda essa gama de informações, pode-se dizer que o projeto é pioneiro no que diz respeito à veiculação de informações sobre grupos terroristas para evitar que eles se espalhem e, assim, tentar consolidar a paz por meio de uma ação pacífica.

Ao estudar o Counter Extremism Project vê-se que é possível, sim, utilizar as palavras pela paz, principalmente, numa era em que informação é poder.

> Vivemos em uma sociedade que em grande parte marcha ao compasso da verdade – ou seja, que produz e faz circular discursos que funcionam como verdade, que passam por tal e que detêm por este motivo poderes específicos. A produção de discursos "verdadeiros" (e que, além disso, mudam incessantemente) é um dos problemas fundamentais do Ocidente. A história da "verdade" – do poder próprio aos discursos aceitos como verdadeiros – está totalmente por ser feita. (Foucault, 2001, p. 231)

Se as verdades podem ser construídas atualmente e modificar o rumo dos acontecimentos, a sociedade ainda pode vencer a batalha ideológica que se travou contra os grupos extremistas. Uma estratégia importante parece ser justamente a que diz respeito à informação, à propagação da ideologia radical. Se houver um esforço progressivo no tocante à contrainformação[8] talvez seja possível reduzir o número de pessoas que são persuadidas pela ideologia que prega a salvação pelo martírio e pelo assassinato daqueles que não pertencem a uma determinada religião.

---

8. O projeto em estudo se intitula Contra Extremismo, e, por isso, tomei a licença de adotar o termo contrainformação para determinar as informações que se opõem à propaganda veiculada pelos grupos extremistas. Ou seja, neste presente artigo, contrainformação se refere exclusivamente às informações sobre os grupos extremistas que vêm à tona para esclarecer os reais objetivos desses grupos.

Considerações finais

Diante da avalanche de propaganda que o Estado Islâmico despeja todo dia nas redes sociais e nos celulares, o Counter Extremism Project oferece às pessoas a chance de conhecer realmente o que está por trás das promessas de prosperidade e pureza pregadas pelo grupo radical sunita. No site é possível encontrar o perfil detalhado de muitos recrutadores que são os grandes responsáveis por tornar o terrorismo uma ameaça global, já que existem adeptos do Estado Islâmico em todo o mundo e o medo toma conta da sociedade contemporânea.

Ultimamente, a cultura do medo tem sido tão intensificada que não só se vive com o medo dos terroristas como se vê surgir em determinados países o medo generalizado de muçulmanos, comprovando a teoria de Michel Foucault sobre o poder da criação de verdades. Muitos pesquisadores já têm apontado que esse medo favorece o ISIS na medida em que gera um círculo vicioso: o muçulmano rejeitado e hostilizado na Europa fica mais suscetível a ser persuadido pela propaganda do Estado Islâmico e é nesse contexto que o CEP pode desempenhar um papel decisivo.

Na minha percepção, a organização poderia ter uma atuação ainda mais forte com o público se reforçasse os aspectos sensíveis da informação. A propaganda lida com emoções e atinge de modo certeiro o vácuo deixado pela sociedade marcada pelo consumismo e pelas disparidades econômicas e sociais. Atualmente, a transitoriedade das identidades, como bem estudou Zygmut Bauman, constituiu o grande problema da pós-modernidade e é nesse contexto que as imagens, os sons e todo tipo de estratégia ligada às sensações desempenham papel fundamental na conquista de novos adeptos do Estado Islâmico.

Todo o conteúdo produzido pelo grupo radical sunita é cheio de efeitos especiais, que remetem à ideia do poder do grupo e geram fascínio no telespectador – palavras doces e poéticas, músicas que criam um universo lúdico. Ou seja, é um aparato com nível semelhante ao das grandes produções norte-americanas. Para evitar que mais jovens sejam persuadidos por essas mensagens, a estratégia contra extremistas poderia ter mais eficácia se adotasse os mesmos tipos de recurso: ou seja, se passasse a veicular imagens que mostrem realmente o que o Estado

Islâmico é, entrevistas com pessoas nas quais elas revelassem o lado sombrio do grupo radical e tocassem emotivamente o telespectador, uma vez que lidar com ideologia é lidar com representações do real e com estratégias sensíveis.

> Na disputa pela hegemonia, não se trata tanto de sensibilizar para formar uma opinião racionalmente política, e sim de construir imagens (portanto, um campo sensível), às quais a audiência adere afetivamente, dando como suposta a concretude do ver e do pensar. A retórica e a estética deixam de ser meros instrumentos de inversão do real-histórico destinados à persuasão das massas em favor de uma causa ou de um programa, para se converterem no próprio real (Sodré, 2006, p. 168).

Na sociedade da volatilidade, do imediatismo e das imagens, a informação pulverizada e rica em sinestesia parece ser uma boa estratégia para mostrar o real propósito por trás das promessas dos grupos extremistas. Por meio do uso de vídeos e imagens, o Counter Extremism Project pode atingir ainda mais pessoas, principalmente, aquelas suscetíveis a aderir a ideologias extremistas e, assim, atuar mais fortemente na busca da paz.

Referências

BAUMAN, Z. *O Mal-Estar da Pós-Modernidade*. Rio de Janeiro: Jorge Zahar Editor, 1997.

DELONG-BAS, N. J. *Wahhabi Islam*: From Revival and Reform to Global Jihad. New York: Oxford University Press, 2004.

FLUSSER, V. *Filosofia da Caixa Preta*. São Paulo: HUCITEC, 1985.

FOUCAULT, M. *Microfísica do Poder*. São Paulo: Edições Graal, 2004.

HERF, J. *Inimigo Judeu*. São Paulo: Edipro, 2014.

SODRÉ, M. *As Estratégias Sensíveis*: afeto, mídia e política. Petrópolis: Vozes, 2006.

■ Terrorismo à brasileira: o debate sobre o Projeto de Lei 2.016/15 no Congresso Nacional

Terrorismo à brasileira: o debate sobre o Projeto de Lei 2.016/15 no Congresso Nacional[1]

Guilherme de Jesus France[2]

Introdução

A luta contra o terrorismo tornou-se prioridade mundial a partir dos atentados de 11 de setembro de 2001, nos Estados Unidos. Ou melhor, foi tornada prioridade[3]. Foi em função da preocupação específica de alguns países, poderosos como eram e são, que essa preocupação emergiu na agenda internacional com tamanho destaque. Tratados internacionais sobre o tema foram celebrados, resoluções do Conselho de Segurança das Nações Unidas (CSNU) foram adotadas e novas organizações internacionais surgiram ou se adaptaram para lidar efetivamente com essa questão. Em suma, foi criado um regime internacional de combate ao terrorismo.

Aos países para os quais terrorismo não representava, em si, uma grande preocupação, coube se adaptar a essa nova realidade, tentando moldar a agenda internacional e as normas em discussão às suas prioridades particulares – desenvolvimento econômico, crime

---

1. Este texto corresponde ao artigo enviado por Guilherme de Jesus France à Conferência.
2. Advogado, é mestrando em História, Política e Bens Culturais pela Fundação Getulio Vargas-RJ. É bacharel em Direito pela Universidade do Rio de Janeiro e em Relações Internacionais pela Pontifícia Universidade Católica do Rio de Janeiro.
3. Afinal, antes de 2001, o problema do terrorismo já existia, bastando lembrar de alguns atentados como o das Olimpíadas de Munique e a derrubada do avião em Lockerbie, no Reino Unido. Ainda assim, não assumia a importância e a dimensão que ganhou após 2001.

organizado, tráfico de drogas, entre outros. Eles não escaparam, no entanto, de ter que se adaptar àquele regime. Aos poucos, mas inevitavelmente, organizações internacionais, motivadas pelas prioridades daqueles países que tinham terrorismo no topo de sua agenda, passaram a pressioná-los para que se adequassem.

Esse foi o caso do Brasil. A emergência do terrorismo na agenda internacional foi vista como uma distração em relação às prioridades nacionais naquele plano, notadamente a promoção do desenvolvimento econômico (Cunha, 2010, p. 120-123). Um exemplo disso é que, ao ser instado a contribuir com a Guerra no Iraque, pelo Presidente Bush, em 2002, o Presidente Lula destaca que a prioridade era outra: "Mas minha guerra é outra. É a guerra contra a fome. Eu quero que cada brasileiro faça três refeições por dia" (Spektor, 2014, p. 234).

O país cumpriu parte de suas obrigações perante aqueles organismos internacionais ratificando as convenções internacionais sobre o tema, integrando órgãos relacionados à questão e apresentando os relatórios demandados pelo CSNU. Aprovou, também, algumas leis que pretendiam lidar com a questão internamente. Todavia, uma questão permaneceu pendente: a falta de definição de terrorismo na legislação brasileira.

Em 2015, sob ameaça de sanções do Grupo de Ação Financeira (Gafi), o país finalmente se rendeu e a Presidência da República apresentou projeto de lei que pretendia resolver a questão.

O objetivo do presente trabalho é justamente apresentar como se deu a discussão desse projeto de lei no Congresso Nacional. Apesar de tratar-se de tema "imposto" por agentes externos, a discussão, no Congresso, foi marcada por elementos tipicamente brasileiros, caracterizada pela história do país e influenciada profundamente por eventos recentes. A memória da ditadura militar, a preocupação e a defesa dos movimentos sociais, os recentes protestos que tomaram as ruas do país, em 2013, e a desconfiança perante agentes de segurança pública são só alguns desses elementos.

Dessa maneira, o presente trabalho está organizado da seguinte maneira: inicialmente, será discutida a ameaça à liberdade de expressão simbolizada pelas legislações de combate ao terrorismo; em seguida, será apresentado o caminho percorrido, no país, até a apresentação do Projeto de Lei nº 2.016/15, com especial ênfase na sua motivação; posteriormente, serão ressaltadas as questões discutidas pelos parlamentares durante o trâmite desse projeto no Congresso. Por fim, serão apresentadas algumas considerações finais.

Definindo terrorismo e protegendo a liberdade de expressão

Não existe definição única para terrorismo. É um termo complexo, cuja conceitualização é, ainda hoje, motivo de disputas políticas diversas. Mesmo a Organização das Nações Unidas não tem uma definição basilar a partir da qual os seus membros podem desenvolver suas ações de contra terrorismo. Dessa forma, quando eles empreendem esforços para elaborar essa definição, muitos desafios surgem.

O principal deles, quando o governo brasileiro tentou fazê-lo ao longo de 2015, foi como conciliar a necessidade de se estabelecer uma definição para terrorismo (para criminalizar essa conduta) e o imperativo de se proteger liberdades e garantias constitucionalmente garantidas, como a liberdade de expressão e a liberdade de associação. Esse não foi um desafio apenas no Brasil. O Conselho para Direitos Humanos das Nações Unidas criou o posto do Relator Especial para a Promoção e Proteção dos Direitos Humanos e Liberdades Fundamentais na luta contra o Terrorismo, o qual já sinalizou essa preocupação:

> Chamados, pela comunidade internacional, para que se combata o terrorismo, sem que se defina esse termo pode deixar a entender que cabe aos Estados fazer essa definição. E isso implica num risco para abusos de direitos humanos e o mal-uso deliberado do termo. O Relator também se preocupa com a frequente adoção de terminologias, em legislações antiterroristas, que não são destinadas, unicamente, a esse fim (ONU, 2005).

O direito de reunião pacífica e a liberdade de associação são direitos protegidos pelos arts. 21 e 22 do Pacto Internacional sobre Direitos Civis e Políticos[4]. A importância desses direitos deriva do fato de que são plataformas necessárias para o exercício de outros direitos, como o direito à liberdade de

---

4. Art. 21 - O direito de reunião pacifica será reconhecido. O exercício desse direito estará sujeito apenas às restrições previstas em lei e que se façam necessárias, em uma sociedade democrática, no interesse da segurança

expressão, os direitos culturais e o direito à participação política. Esses direitos são cruciais para o trabalho dos defensores dos direitos humanos [...]. Estados não podem abusar da necessidade de se combater ao terrorismo para impor medidas desnecessariamente restritivas aos direitos humanos. Claras salvaguardas devem existir, na lei, para prevenir esses abusos e, caso eles ocorram, para garantir que existam remédios (ONU, 2006).

Dessa forma, nota-se que o entendimento esposado pelo Relator é que a liberdade de expressão (assim como o direito de associação) é um direito humano fundamental, protegido por diversas convenções internacionais[5], devendo ser respeitado mesmo e especialmente quando se combate o terrorismo.

---

nacional, da segurança ou da ordem pública, ou para proteger a saúde ou a moral pública ou os direitos e as liberdades das demais pessoas.
Art. 22 - 1. Toda pessoa terá o direito de associar-se livremente a outras, inclusive o direito de construir sindicatos e de a eles filiar-se, para a proteção de seus interesses.
2 - O exercício desse direito estará sujeito apenas às restrições previstas em lei e que se façam necessárias, em uma sociedade democrática, no interesse da segurança nacional, da segurança e da ordem públicas, ou para proteger a saúde ou a moral públicas ou os direitos e liberdades das demais pessoas. O presente artigo não impedirá que se submeta a restrições legais o exercício desse direito por membros das forças armadas e da polícia.
3 - Nenhuma das disposições do presente artigo permitirá que Estados Partes da Convenção de 1948 da Organização Internacional do Trabalho, relativa à liberdade sindical e à proteção do direito sindical, venham a adotar medidas legislativas que restrinjam ou a aplicar a lei de maneira a restringir as garantias previstas na referida Convenção.
5. Art. 19 do Pacto Internacional sobre Direitos Civis e Políticos ("1. Ninguém poderá ser molestado por suas opiniões. 2. Toda pessoa terá direito à liberdade de expressão; esse direito incluirá a liberdade de procurar, receber e difundir informações e ideias de qualquer natureza, independentemente de considerações de fronteiras, verbalmente ou por escrito, em forma impressa ou artística, ou por qualquer outro meio de sua escolha. 3. O exercício do direito previsto no parágrafo 2 do presente artigo implicará deveres e responsabilidades especiais. Consequentemente, poderá estar sujeito a certas restrições, que devem, entretanto, ser expressamente previstas em lei e que se façam necessárias para: a) assegurar o respeito dos direitos e da reputação das demais pessoas; b) proteger a segurança nacional, a ordem, a saúde ou a moral públicas"), art. 19 e 20 da Declaração Universal dos Direitos Humanos ("Art. 19 - Todo o indivíduo tem direito à liberdade de opinião e de expressão, o que implica o direito de não ser inquietado pelas suas opiniões e o de procurar, receber e difundir, sem consideração de fronteiras, informações e ideias por qualquer meio de expressão. Artigo 20 - 1.Toda a pessoa tem direito à liberdade de reunião e de associação pacíficas. 2. Ninguém pode ser obrigado a fazer parte de uma associação") e art. 13, 15 e 16 da Convenção Americana de Direitos Humanos ("Art. 13 - 1. Toda pessoa tem direito à liberdade de pensamento e de expressão. Esse direito compreende a liberdade de buscar, receber e difundir informações e ideias de toda natureza, sem consideração de fronteiras, verbalmente ou por escrito, ou em forma impressa ou artística, ou por qualquer outro processo de sua escolha; Art. 15 - É reconhecido o direito de reunião pacífica e sem armas. O exercício de tal direito só pode estar sujeito às restrições previstas pela lei e que sejam necessárias, numa sociedade democrática, no interesse da segurança nacional, da segurança ou da ordem públicas, ou para proteger a saúde ou a moral públicas ou os direitos e liberdades das demais pessoas; e art. 16 - 1.Todas as pessoas têm o direito de associar-se livremente com fins ideológicos, religiosos, políticos, econômicos, trabalhistas, sociais, culturais, desportivos ou de qualquer outra natureza").

Afinal, já afirmou o ex-Secretário-Geral da ONU, Kofi Annan, a violação de direitos humanos, sob a guisa de combate ao terrorismo, serve apenas para alimentar grupos terroristas e mobilizar a população ao seu favor[6].

De outro lado, a liberdade de expressão é garantida também no ordenamento brasileiro, especialmente pela Constituição Federal, no art. 5, IV e IX. O direito de reunião e a liberdade de associação que tem, em alguma medida, um caráter instrumental para permitir o exercício daquela liberdade também se encontram protegidos pela Carta Maior – art. 5, XVI e XVII. É importante perceber esses direitos como conquistas históricas do Brasil, derivadas do processo de redemocratização que culminou, em 1988, com a promulgação da nova Constituição.

O projeto de Lei 2.016/2015

Foi apresentado, em 18 de junho de 2015, o projeto de lei nº 2.016, pela Presidente da República Dilma Rousseff à Câmara dos Deputados. Esse projeto de lei tratava de definir o que constituiria uma organização terrorista, determinando, ainda, as penas que seriam aplicadas aos indivíduos acusados de integrar esses grupos. O projeto foi encaminhado com pedido de urgência, com base no art. 64 §1º da Constituição. Isso fez com que sua tramitação fosse abreviada, tanto na Câmara, quanto no Senado. Ele não foi discutido em nenhuma das comissões do Congresso, apenas nos plenários de ambas as casas.

Já havia prévia menção às organizações terroristas, no art. 1º, §2º, inciso II da Lei 12.850/2013, a chamada Lei das Organizações Criminosas. Acontece que, anteriormente, esse dispositivo não trazia, de forma precisa, definição para aquela expressão, afirmando, apenas, que aquela lei se aplicaria:

---

6. "Paradoxalmente, grupos terroristas podem ganhar força quando respondem a governos que estejam exagerando e cometendo atrocidades – seja realizando limpeza étnica, bombardeio indiscriminado de cidades, tortura de prisioneiros, assassinatos direcionados ou mesmo aceitando a morte de civis como 'danos colaterais'. Esses atos são ilegais e injustificáveis. Também podem ser aproveitados por terroristas para ganharem novos seguidores e para gerar ciclos de violência em que eles se beneficiam [...] a visão moral dos direitos humanos – o profundo respeito pela dignidade de cada pessoa – é uma das armas mais poderosos [contra o terrorismo]" (Annan, 2003).

II – às organizações terroristas internacionais, reconhecidas segundo as normas de direito internacional, por foro do qual o Brasil seja parte, cujos atos de suporte ao terrorismo, bem como os atos preparatórios ou de execução de atos terroristas, ocorram ou possam ocorrer em território nacional.

Nota-se que a lei se refere ao direito internacional para dar definição ao que constituiria "organização terrorista" em face da inexistência de tal definição no ordenamento pátrio. Em verdade, inexiste definição para terrorismo na legislação brasileira (Gomes, 2014, p. 374). A referência a terrorismo que ainda pode ser encontrada está na Lei de Segurança Nacional (Lei nº 7.170/83), cujo artigo 20 faz menção a tal fenômeno:

> Art. 20 - Devastar, saquear, extorquir, roubar, sequestrar, manter em cárcere privado, incendiar, depredar, provocar explosão, praticar atentado pessoal ou atos de terrorismo, por inconformismo político ou para obtenção de fundos destinados à manutenção de organizações políticas clandestinas ou subversivas. Pena: reclusão, de 3 a 10 anos.

Mais uma vez, não se encontra definição clara para o que se entende por terrorismo. Existem, afinal, algumas referências a tal fenômeno, sem que conste definição prévia capaz de precisá-lo – o art. 1, §2º, inciso II da Lei de Organizações Criminosas, o art. 1, §4º, inciso I da Lei nº 105/2001, sobre sigilo de operações financeiras, e o já revogado art. 1, II da Lei 9.613/98, sobre crimes de lavagem de dinheiro. Daí e das diversas normas de direito internacional, que serão discutidas a seguir, a necessidade de se definir terrorismo no ordenamento brasileiro.

Antes, no entanto, de entrar nos detalhes acerca do processo legislativo por qual passou (e continua passando) o projeto de lei 2.016/2015, é necessário considerar alguns antecedentes. Esse não é, afinal, o primeiro esforço para tipificar terrorismo no direito brasileiro[7]. Previamente, durante o governo do Presidente Luis Inácio Lula da Silva, foram realizadas algumas tratativas nesse sentido, mas nenhuma chegou tão longe quanto o atual empreendimento.

---

7. Para um histórico detalhado da questão, cf. FRAGOSO, H. C. Terrorismo e Criminalidade Política. Rio de Janeiro: Ed. Forense, 1981.

Existem evidências, de um lado, que, em novembro de 2007, a Presidência da República, por meio de seu Gabinete de Segurança Institucional (GSI), realizou estudos sobre a legislação antiterrorista brasileira. Essas evidências teriam origem no chamado WikiLeaks, site que disponibiliza diversos documentos confidenciais do governo norte-americano que foram vazados. Em algum deles, a posição do Brasil e os esforços antiterroristas do país são discutidos com alguma franqueza e preocupação por parte dos diplomatas norte-americanos.

Nesses documentos, Clifford Sobel, embaixador norte-americano no país entre 2006 e 2009, reconta que, tendo chegado à realização de que a Lei de Segurança Nacional dificilmente seria aplicada, em função do momento específico em que foi concebida – durante a ditadura militar – e da vigência da nova Constituição, o GSI concluiu pela necessidade de uma nova legislação sobre o tema. Porém, antes mesmo de propor essa legislação ao Congresso, os esforços teriam sido interrompidos em função de pressões dentro e fora do governo (Sobel, 2008).

A Ordem dos Advogados do Brasil criticou a legislação a ser proposta por supostamente criminalizar os movimentos sociais e aqueles que lutam por maior igualdade. Dentro do governo, Sobel afirma que parece ter sido a Ministra da Casa Civil, Dilma Rousseff, a responsável por impedir que qualquer legislação fosse à frente. A justificativa, de acordo com Andre Luis Woloszyn, pesquisador da Escola Superior de Guerra, seria que, dentro de um governo ocupado por indivíduos de esquerda, muitos dos quais sofreram perseguições por parte da ditadura militar, seria difícil aprovar uma lei que criminalizasse a ação de grupos que apoia. Dentre estes grupos, se destaca o Movimento dos Sem-Terra (MST), já que seria "impossível escrever uma legislação antiterrorista que excluísse as ações do MST" (Sobel, 2008).

Existem fatores mais amplos que contribuiriam para a dificuldade de se aprovar uma legislação antiterrorista. Jose Antonio de Macedo Soares e Janér Tesch Hosken Alvarenga, ambos do Gabinete de Segurança Institucional da Presidência, argumentaram que o assunto não é discutido com maturidade na sociedade brasileira e que a maioria das pessoas, dentro e fora do governo, acredita ser tão improvável um atentado terrorista contra o Brasil, que essa é uma questão que não mereceria muita atenção. Sobel (2008), em seu comentário final sobre esse desenrolar, afirma que a iniciativa de definir terrorismo no ordenamento brasileiro teria ficado órfã devido à falta de interesse da sociedade e da classe política do país.

Outro momento em que foi abortado esforço de se definir terrorismo foi o fracasso do Núcleo do Centro de Coordenação das Atividades de Prevenção e Combate ao Terrorismo (CPCT), criado em 2009, em propor uma Lei de Defesa da Soberania e do Estado Democrático de Direito, contendo essa definição. Esse centro foi desativado em 2011, ainda que não formalmente extinto. A incapacidade de se aprovar a Política de Inteligência Nacional, proposta inicialmente em 1999, pode ser vista nesse mesmo contexto (Rech, 2015).

Assim sendo, observaram-se ao menos dois momentos em que fracassou o empreendimento de consagrar, no ordenamento brasileiro, uma definição para terrorismo. Faz-se necessário explicar, portanto, porque o presente esforço foi bem-sucedido (o Projeto de Lei 2.016/15 foi aprovado na Câmara dos Deputados e no Senado, tendo sido sancionado pela Presidente Dilma Rousseff – é a Lei 13.260/16). É digno de nota, ainda, que, juntamente com o PL 2.016/15, foi enviado à Câmara dos Deputados o Projeto de Lei 2.020/15, o qual regulava o bloqueio de bens, direitos e valores de pessoas ou grupos incluídos em listas de sanções do Conselho de Segurança das Nações Unidas. Esse projeto já foi aprovado por ambas as Casas do Congresso – é, hoje, a Lei nº 13.170/2015. Essa explicação se torna impreterível quando se considera que o governo atual é integrado pelos mesmos partidos do que aquele no qual os esforços prévios fracassaram. De fato, a atual Presidente da República, Dilma Rousseff, era a Ministra da Casa Civil que, afirma-se, deu fim a um daqueles esforços.

Para compreender o que teria mudado, justificando um posicionamento diferente por parte do governo brasileiro nessa questão, é preciso voltar na história. Em 1989, foi criado, no âmbito do G7 (Grupo dos sete países mais ricos do mundo), o Grupo de Ação Financeira (Gafi). Seu objetivo, inicialmente, era combater a lavagem de dinheiro, mecanismo utilizado pelos grupos envolvidos no tráfico de drogas para se sustentar. Apesar de não constituir, propriamente, uma organização internacional, o Gafi começou a atuar de forma substancial, emitindo recomendações para que os países adotassem medidas que seriam capazes de coibir a ação desses grupos.

Com os atentados de 11 de setembro de 2001, o Gafi ampliou seu foco, passando a se preocupar com o financiamento de grupos terroristas. Consoante com essa nova área de atuação, o grupo passou a emitir recomendações concernentes a esse problema específico. Não sendo uma organização internacional propriamente dita e sequer contando com um amplo rol de membros, o Gafi não dispunha de instrumentos de sanção tradicionais. A forma encontrada para pressionar os Estados recalcitrantes a agir foi a técnica do *"name and shame"* – aponta-se, assim, o nome do Estado publicamente de forma a constrangê-lo para tomar a atitude que se busca.

A partir de avaliações das estruturas normativas e administrativas dos países, o Gafi analisa se eles têm implementado as recomendações feitas ou não. Caso não o tenham feito, pode decidir incluí-los em listas, nomeando-os publicamente. Essas listas possuem algumas gradações – existe (i) a lista dos países com deficiências tão graves que o Gafi clama que seus membros apliquem contramedidas contra eles ("lista negra"); (ii) a lista dos países cujas deficiências estão se tornando fonte de graves preocupações ("lista cinza escura"); e (iii) a lista dos países com deficiências identificadas, mas que vêm tomando medidas para reduzi-las ("lista cinza clara") (Gafi, 2014).

Voltando ao foco do presente estudo, o Brasil se tornou membro efetivo do Gafi em 2000. Em 2010, ele foi alvo de uma série de avaliações, cujas conclusões, publicadas, indicaram algumas deficiências graves. Dentre elas, se destacam a falta de legislação criminalizando o financiamento do terrorismo e de mecanismos eficazes para implementar as sanções da ONU, impostas sobre grupos terroristas. Ressaltou-se, também, que apesar de o país ter ratificado diversos tratados internacionais sobre a matéria, o ordenamento doméstico ainda não se encontrava em consonância com importantes resoluções do Conselho de Segurança da ONU, como a Resolução 1267 (1999) e a Resolução 1373 (2001) (Gafi, 2010, p. 228).

Entre 2010 e 2015, não foram tomadas medidas concretas no sentido de suprir estas deficiências. Em 2014, o país foi advertido por essa omissão pelo Gafi (ANPR, 2015). Em abril de 2015, veio à Brasília o presidente do Gafi, Roger Wilkins, para se encontrar com autoridades brasileiras e pressioná-las a aprovar legislação que coloque o Brasil no nível dos padrões globais nesse âmbito. Sinalizou, inclusive, com a possível exclusão do país daquele grupo caso essas medidas não fossem tomadas, advertindo também para as consequências negativas à posição brasileira no mercado financeiro internacional (Câmara Notícias, 2015).

O presidente do Conselho de Controle de Atividades Financeiras (Coaf) Antonio Gustavo Rodrigues confirmou essa possibilidade. Reconhecendo as deficiências brasileiras na área, apontou para a possibilidade de o Brasil ser incluído em uma das listas do Gafi e ser alvo de contramedidas por parte de outros Estados. Rodrigues afirmou, ainda, que o país é único dos membros do grupo a não possuir esse tipo de legislação e que já sofreu consequências econômicas adversas desse problema no passado (Valor Econômico, 2015). No mais, existia a possibilidade de essas atitudes, por parte do Gafi, comprometerem ainda mais a posição do Brasil junto às agências de análise de risco (Moody's, Standard & Poor's e Fitch), pondo em risco o grau de investimento que o país possuía à época[8] (O Estado de S.Paulo, 2015).

Assim, nota-se que a motivação para o impulso que recebeu a legislação tratando de terrorismo foi externa. Não havia grande pressão por parte da sociedade doméstica para que esse tema fosse discutido pelo Congresso. Pelo contrário, setores significativos da sociedade temiam que essa discussão fosse instrumentalizada para reprimir movimentos sociais. De fato, as manifestações que tomaram as ruas do país, em junho de 2013, inicialmente contra o aumento das tarifas de transporte público, mas com uma posterior ampliação de sua agenda, parecem ter sido responsáveis por aumentar o temor de que qualquer legislação sobre terrorismo fosse empregada para cercear a liberdade de expressão e manifestação (Moreira; Campos, 2015).

O Projeto de Lei 2.016/15, enviado ao Congresso, tomava uma rota indireta para definir o terrorismo, preferindo definir, apenas, as organizações terroristas:

---

8. Posteriormente, devido aos problemas econômicos enfrentados pelo país, o Brasil perdeu o chamado grau de investimento nas agências Fitch e Standard & Poor's.

Art. 1, §2º, II – às organizações terroristas, cujos atos preparatórios ou executórios ocorram por razões de ideologia, políticas, xenofobia, discriminação ou preconceito de raça, cor, etnia, religião ou gênero e que tenham por finalidade provocar o terror, expondo a perigo a pessoa, o patrimônio, a incolumidade pública ou a paz pública ou coagir autoridades a fazer ou deixar de fazer algo.

Foi, no entanto, em resposta àqueles temores, que esse projeto de lei continha um parágrafo que expressamente excluía do alcance do novo tipo penal as manifestações sociais e similares:

§3º O inciso II do §2º não se aplica à conduta individual ou coletiva de pessoas em manifestações políticas, movimentos sociais ou sindicais movidos por propósitos sociais ou reivindicatórios, visando a contestar, criticar, protestar ou apoiar, com o objetivo de defender ou buscar direitos, garantias e liberdades constitucionais.

Antes de adentrar especificamente no debate parlamentar que se seguiu sobre o tema, vale esclarecer uma alteração substantiva sofrida por esse projeto de lei. Como notado, ele tomou uma rota indireta para definir terrorismo e tal mecanismo foi profundamente criticado pela Associação Nacional dos Procuradores da República (ANPR):

Ocorre que – e demonstrar este fato é um dos objetivos da presente Nota Técnica – o projeto encaminhado pelo Poder Executivo (PL nº 2016/2015), em que pese a intenção meritória e a quebra de inércia em enfrentar tão relevante tema, está, com a devida vênia, tecnicamente equivocado, e não cumpre as obrigações assumidas pelo País, pois, a rigor, e ao contrário do noticiado, NÃO tipifica o crime de terrorismo, conforme adiante se demonstra. Mais: se não tipifica e não conceitua o terrorismo – e não o faz –, torna-se no mínimo duvidosa a aplicabilidade prática também do crime de financiamento ao terrorismo (ANPR, 2015).

Respondendo a essas críticas e procurando consolidar, nesse projeto de lei, outras propostas que já se encontravam em trâmite no Congresso, o Deputado Arthur Oliveira Maia (SD-BA), relator do projeto na Comissão de Constituição e Justiça da Câmara, alterou profundamente o projeto pretendendo, com ele, oferecer uma definição precisa de terrorismo – não mais simplesmente alterando a Lei de Organizações Criminais. A discussão, assim, ganhou natureza mais profunda e ampla, como será notado a seguir.

O debate parlamentar

Mesmo antes da apresentação do PL 2.016/15, em março de 2015, durante a discussão de outro projeto de lei sobre o tema, já se notava as linhas que dividiriam os parlamentares. Naquela ocasião, já se notava que os deputados dos partidos que ocupam a chamada "esquerda" se posicionavam contra o projeto, indicando a falta de necessidade, no Brasil, para legislação que tratasse do tema:

> Dep. Alessandro Molon, PT-RJ - Trata-se de criar um novo tipo penal. Não há urgência para criá-lo porque nós não temos, felizmente, este problema no Brasil. Nós não precisamos correr contra o relógio na expectativa de tipificar uma conduta que venha causando prejuízo ao Brasil. Não se trata de uma lacuna legislativa de algo que venha ocorrendo, mas não vem encontrando punição (Câmara dos Deputados, 2015a).

Paralelamente, alguns mobilizavam a memória histórica da ditadura militar, implicando que qualquer legislação sobre o tema do terrorismo poderia ser empregada para instrumentalizar um autoritarismo e reprimir movimentos sociais reivindicatórios:

> Dep. Jandira Feghali, PCdoB-RJ - Parece até que coincidem o tema e a data. Às vésperas da data do golpe militar, nós estamos discutindo lei antiterrorismo. É óbvio que aqui há um consenso. Todos aqui somos contra atos terroristas. Todos, sem exceção. Tenho certeza disso. Todos os partidos, todos os Parlamentares, a sociedade brasileira, o Governo, a Oposição. Obviamente ninguém concorda com atos terroristas. O que nos importa é saber o que é considerado ato terrorista. Essa é a nossa preocupação. Do jeito que está o texto deste projeto, obviamente o nível de abrangência é tanto que daqui a pouco o fato de uma comunidade incendiar um pneu será considerado um ato terrorista. [...] Então, vamos com cuidado! Nós não estamos mais na ditadura militar. A primeira atitude que esta Câmara deveria tomar é revogar a Lei de Segurança Nacional. Isso, sim, seria um ato para a democracia brasileira (Câmara dos Deputados, 2015a)

Do outro lado, alguns deputados lembravam da urgência de se aprovar legislação sobre o tema, tanto em função da pressão internacional promovida pelo Gafi, quanto pela realização de eventos de larga escala, possíveis alvos de atentados terroristas, como as Olimpíadas do Rio de 2016.

> Dep. Onyx Lorenzoni, Dem-RS - O Brasil terá, no próximo ano, Olimpíadas, evento de alcance mundial e que, triste e lamentavelmente, em edições anteriores, foi palco de ações terroristas, grupos terroristas praticaram ações em lugares muito distantes das suas bases.
>
> Quando os olhos das nações e os olhos do mundo se voltam para o evento do porte das Olimpíadas, é lá, triste e lamentavelmente, o cenário onde os extremistas se valem para lançar a sua proposta de aterrorizar as sociedades e as pessoas, em busca de propaganda farta, barata, sem medir consequências em relação a vidas humanas.
>
> Só para lembrar, uma das pessoas que organizou e participou do atentado ao World Trade Center teve uma passagem pela Tríplice Fronteira, em Foz do Iguaçu, habitando inclusive em território brasileiro durante um período. Isso é só para entender do que nós estamos falando. O Brasil precisa fazer o seu seguro, seja através de uma legislação adequada, seja dando instrumentos ao Judiciário e ao Ministério Público, como as forças de segurança (Câmara dos Deputados, 2015a).

Já durante as discussões, de fato, sobre o PL 2.016/2015, essas linhas se tornaram ainda mais claras. Diversos deputados de esquerda se mostraram céticos em relação à necessidade de uma legislação específica para o combate do terrorismo, assinalando que este não é um problema urgente do país. Frequentemente, eles criticavam o uso de expressões genéricas na definição de terrorismo, argumentando que isso abriria uma grande margem de interpretação que poderia ser apropriada por determinados operadores do Direito, como delegados, promotores e juízes.

> Dep. Wadih Damous, PT-RJ - E o que significa tipo penal em aberto? Não adianta, como esforçadamente faz o autor do substitutivo, dizer que os movimentos sociais estão fora da tipificação, porque esse enquadramento será feito por quem? Por delegados de polícia, por membros

do Ministério Público, por juízes. Nos dias de hoje, nos dias do punitivismo intenso, em que se olha a vida sob os olhos do Direito Penal, nós já sabemos quais serão as consequências. E mais, Sr. Presidente, todos esses crimes aqui relacionados, todos esses crimes listados já fazem parte do nosso ordenamento jurídico. Estamos mudando aquilo que é crime comum para crime de terrorismo. Onde está a Al-Qaeda aqui no Brasil? Onde está o Exército Islâmico? (Câmara dos Deputados, 2015d)

Dep. Ivan Valente, PSOL-SP - É preciso que fique claro que o Brasil já dispõe de legislação para combater o terrorismo e para processar e julgar eventuais crimes praticados por razões políticas. Todos os crimes previstos no projeto de lei já estão no Código Penal. Então, não deixa de causar insegurança e desconfiança para os movimentos sociais e todos aqueles que prezam pelo direito democrático de livre manifestação a oportunidade desse projeto. [...] A insegurança decorre, principalmente, com uma redação que abre a possibilidade de abusos das autoridades policiais ou judiciárias no enquadramento de tudo aquilo que possa ser, erroneamente, considerado como terrorismo, utilizando-se para isso de elementos vagos como "perigo", "ameaça iminente", "intranquilidade pública", "paz pública". As manifestações não podem estar sujeitas ao filtro ideológico, não pode residir aí o critério para determinar sua legitimidade ou não (Câmara dos Deputados, 2015e).

Dep. Jandira Feghali, PCdoB-RJ - Com o nível de generalização deste texto, tudo cabe. Como nós não temos organizações terroristas no Brasil, quem vai ser entendido como organização criminosa e terrorista pode ser qualquer entidade ou qualquer movimento que cometa esses chamados delitos.

Nós estamos aprovando aqui um texto que vai, ao fim e ao cabo, criminalizar os movimentos sociais e a ação política no Brasil, e o PCdoB não coonesta [sic] [... Esse tipo de ação] dá autonomia aos juízes e aos investigadores para definirem quem é ou não o autor do crime (Câmara dos Deputados, 2015f).

Esses deputados ainda mostravam-se preocupados em proteger movimentos sociais e manifestações públicas contra a criminalização de suas atividades como terroristas, evocando, novamente, a memória da ditadura militar:

Dep. Wadih Damous, PT-RJ - Sr. Presidente, Sras. e Srs. Deputados, primeiramente, eu lamento – e não entendo – o fato de um projeto de lei que tenta tipificar e regular o crime de terrorismo no Brasil tenha sido enviado pela Presidenta da República, Dilma Rousseff, ela própria imputada como tal nos tempos ditatoriais (Câmara dos Deputados, 2015d).

Dep. Glauber Braga, PSB-RJ - A primeira preocupação é o processo de criminalização dos movimentos sociais e da sociedade civil organizada brasileira. E aí eu dirijo uma pergunta ao Plenário: quais são os crimes tipicamente considerados terroristas que nós já sofremos no Brasil nos dias de hoje? Tenho certeza de que cada um dos senhores e das senhoras vai ter dificuldade em poder dar essa resposta. E no Brasil a gente ainda tem a discussão da lei que pega e da lei que não pega (Câmara dos Deputados, 2015d).

Dep. Chico Alencar, PSOL-RJ - Na verdade, esse projeto de lei tem todas as características de ser algo contra os movimentos sociais, a mobilização popular, que foi uma dura conquista democrática ainda em curso neste País (Câmara dos Deputados, 2015d).

Dep. Ivan Valente, PSOL-SP - No entanto, o substitutivo e as emendas apresentadas tendem a transformar a proposta formulada não num mecanismo de combate ao terrorismo, mas em uma forma mais ampla e elaborada de criminalizar os movimentos sociais e suas lideranças (Câmara dos Deputados, 2015e).

Dep. Wadson Ribeiro, PCdoB-MG - Sr. Presidente, para ilustrar este nosso debate, ontem, houve uma manifestação em Belo Horizonte contra o aumento da tarifa de ônibus, e 60 estudantes ficaram detidos até a madrugada. Um ato que era pacífico, no seu trajeto, ficou tensionado, e esses 60 estudantes ficaram detidos até a madrugada. Um fato como esse, Sr. Presidente, poderia ensejar, ao aprovar esta matéria, o enquadramento desses estudantes em crime de terrorismo. Eu acho um excesso. Isso já está previsto na nossa legislação (Câmara dos Deputados, 2015g).

A ação em defesa dos movimentos sociais – demonstrando evidente desconfiança em relação aos agentes públicos de segurança – atingiu seu ápice com a proposta da Emenda Aditiva nº 4, a qual pretendia determinar que "nas mesmas penas incorre[sse] o agente de Estado que, nesta condição, provocar terror contra o cidadão ou grupo de cidadãos, expondo suas vidas a perigo, coagindo-os a ação ou omissão ou suprimindo manifestações políticas legítimas, independentes dos meios utilizados". Essa emenda foi proposta por deputados de partidos de esquerda, com destaque para as deputadas Jô Moraes (PCdoB-MG) e Jandira Feghali (PCdoB-RJ). A emenda foi rejeitada pelo plenário.

Do outro lado do espectro ideológico, encontram-se parlamentares que destacam a necessidade dessa legislação. Eles apontam, novamente, as pressões sofridas pelo país, no âmbito do Gafi, a recepção das Olimpíadas no país e deixam claro que o Brasil não se encontra imune a atentados terroristas.

> Dep. Raul Jungman, PPS-PE - Ou seja, às vésperas de uma Olimpíada, nós estamos na seguinte situação, Sr. Presidente: em primeiro lugar, nós continuamos sem legislação, o Brasil não tipifica crime de terrorismo e não assina a convenção-quadro da ONU que diz respeito a esse tema.
>
> Em segundo lugar, nós não temos a prevenção necessária. Só para dar um exemplo, existem os chamados equipamentos ou áreas críticas, que precisam de planos de contingência. É o caso de um aeroporto, de um porto, de uma rodovia. As plataformas de petróleo têm. Mas as outras não têm plano de contingência nesse caso. Nós não temos a necessária integração. E nós não temos, portanto, hoje uma capacidade, digamos assim, de nos antecipar, de prevenir. E, inclusive, em acontecendo a possibilidade trágica de um atentado... E eu quero aqui lembrar, Sr. Presidente: em 1992, a Argentina tinha uma situação exatamente igual à nossa. E o que foi que aconteceu? O atentado da Amia, em que morreram 86 pessoas.
>
> Na Argentina, ninguém previu isso, ninguém poderia imaginar. E, logo depois, 2 anos depois, tivemos o segundo atentado, que alcançou a Embaixada de Israel. E quero dizer à senhora, como alguém que conhece razoavelmente a questão e o problema, que era em tudo similar, com uma diferença: eles não teriam tido ou não tiveram uma Olimpíada como nós temos aqui, que vai atrair a atenção de todo o mundo. Então, eu quero chamar a atenção deste Plenário para esse problema, que é, sem sombra de dúvida, da maior importância (Câmara dos Deputados, 2015b).

Dep. Raul Jungmann, PPS-PE - Então, este é o momento de fazer essa legislação, não apenas por uma exigência do Gafi - Grupo de Ação Financeira Internacional, em função das Olimpíadas, mas em função de que estamos a fazê-lo sem o clamor, sem a comoção de um ato que poderia ignorar direitos e garantias constitucionais, democráticas, que a todos aqui compete defender (Câmara dos Deputados, 2015g).

Nessa mesma linha, os deputados mais próximos da chamada "direita" demonstram total confiança nos operadores do direito e se mostram céticos em relação à exceção que contempla os movimentos sociais:

Dep. Celso Russomanno, PRB-SP - Sr. Presidente, eu queria parabenizar o Deputado Arthur Oliveira Maia pelo relatório, inclusive porque nós fizemos sugestão no texto para estabelecer o que era prática de terrorismo, e ele assumiu todas as nossas sugestões, deixando bem claro o que é prática de terrorismo. E, do jeito que está vindo o relatório agora, inclusive com o acordo que foi feito, todas as polícias – a Polícia Judiciária dos Estados e a Polícia Judiciária Federal – vão poder apurar o crime de terrorismo. Eu acho que a lei fica do jeito que pretendíamos (Câmara dos Deputados, 2015f).

Dep. Vitor Valim, PMDB-CE - Mas o § 3º diz que esse inciso II não se aplica a movimentos sociais e ideológicos que tenham caráter social. Ora, quer dizer que vamos dar um salvo-conduto a movimentos do PT que agem de forma terrorista, Presidente? (Câmara dos Deputados, 2015b).

A versão final do projeto aprovado na Câmara dos Deputados busca um meio-termo entre essas duas posições polarizadas[9]. De um lado, ela mantém uma definição genérica para o que constitui terrorismo. De outro, ela manteve a exceção prevista no parágrafo 2º, para as manifestações políticas, sociais, entre outras. Nota-se, no entanto, que se acrescentou, em relação ao projeto submetido pela Presidência, no final daquele parágrafo, a expressão

---

9. O processo de votação na Câmara acabou sendo bastante complexo, com a apresentação de emendas, substitutivos etc. Para uma referência geral sobre a votação que aprovou o PL 2.016/15, considera-se a votação da Emenda Aglutinativa nº 4, resultante da fusão das Emendas de Plenário nº 29 e 34, com a Subemenda Substitutiva Global, oferecida pelo Relator, o Dep. Arthur Oliveira Maia (SD-BA). Assim, o resultado final da votação foi 362 a favor, 85 contra e 3 abstenções.

"sem prejuízo de tipificação penal", indicando que os atos decorrentes dessas manifestações poderão ser enquadrados em outros tipos penais.

> Art. 2 – O terrorismo consiste na prática por um ou mais indivíduos dos atos previstos neste artigo, por razões de xenofobia, discriminação ou preconceito de raça, cor, etnia e religião, quando cometidos com a finalidade de provocar o terror social ou generalizado, expondo a perigo pessoa, patrimônio, a paz pública ou a incolumidade pública.
>
> §2º - O disposto neste artigo não se aplica à conduta individual ou coletiva de pessoas em manifestações políticas, movimentos sociais, sindicais, religiosos, de classe ou de categoria profissional, direcionados por propósitos sociais ou reivindicatórios, visando a contestar, criticar, protestar, apoiar, com o objetivo de defender direitos, garantias e liberdades constitucionais, sem prejuízo de tipificação penal contida em lei.

Encaminhado ao Senado, o projeto de lei foi alvo de novas discussões que se delinearam de acordo com as linhas já sugeridas. Indicado para relatar o projeto naquela Casa, o Senador Aloysio Nunes Ferreira (PSDB-SP) empreendeu verdadeira reestruturação do mesmo, eliminando o §2º que excetuava a aplicação daquela lei às manifestações políticas e movimentos sociais[10]. Tal exclusão foi foco de oposição concertada no Senado Federal. Foi, inclusive, objeto da Emenda nº 5 ao Plenário[11], que buscava reincluir o texto daquele parágrafo no projeto em análise pelo Senado – a emenda, no entanto, foi rejeitada pelo Plenário do Senado.

Novamente, há uma divisão. No Senado, encontram-se, de um lado, alguns parlamentares céticos quanto à necessidade de legislação concernente a esse tema no Brasil e preocupados com a utilização de termos genéricos que abrem ampla margem à interpretação da lei penal e com a ameaça aos movimentos sociais e manifestações políticas representada pela legislação em análise. São, em sua maioria, de partidos de esquerda, como PT, PSB, PCdoB e REDE.

---

10. Uma pequena compensação feita para os setores da esquerda foi a revogação do art. 20 da Lei de Segurança Nacional, prevista no seu relatório.
11. Essa emenda foi subscrita pelos Sen. Randolfe Rodrigues (REDE-AP), Lindbergh Farias (PT-RJ), João Capiberibe (PSB-AP), Lídice da Matta (PSB-BA) e Antonio Carlos Valadares (PSB-SE).

Sen. Lindbergh Farias, PT-RJ - Qual é a nossa primeira grande crítica? No projeto da Câmara dos Deputados aprovado, havia artigo que dizia o seguinte: [art. 2, §2º]. Essa aqui é a maior crítica nossa: a retirada desses pontos que preservavam os movimentos sociais [...]. O meu medo com esse projeto é que a gente ataque as liberdades e garantias individuais, ataque os movimentos sociais. Tenho medo sim, Senador Aloysio, de que, daqui a seis meses, nós tenhamos os primeiros presos dessa legislação. E presos porque, vale dizer, nós nunca tivemos um atentado terrorista neste País, mas estamos, com esse projeto, abrindo espaço, sim, para criminalizar ações dos movimentos sociais (Senado Federal, 2015).

Sen. Antonio Carlos Valadares, PSB-SE - [...] se não fosse a exigência de caráter internacional dos acordos assinados pelo Brasil para definir o crime de terrorismo, naturalmente, não estaríamos aqui a debater esse assunto, uma vez que o Brasil, no contexto mundial, não é visto como um país em cujo seio se pratica o terrorismo (Senado Federal, 2015).

De outro lado, parlamentares de partidos de direita, como PSDB (partido do relator, o Senador Aloysio Nunes) e Democratas. Estes destacam a importância da legislação e a desnecessidade de uma proteção específica aos movimentos sociais, em vista dos direitos já garantidos pela Constituição.

Sen. Ronaldo Caiado, DEM-GO - [...] distinguir o que é realmente manifestação pública ordeira, do Estado Democrático de Direito, do que é baderna, do que é movimento de destruir centros de pesquisa, de destruir imóveis públicos, de praticar terrorismo bolivariano no País [...]. Com isso, encerro dizendo, para tranquilizar V. Exª [Sen. Lindbergh Farias]: é lógico que existem alguns segmentos que V. Exª representa que querem continuar vivendo num clima de total libertinagem, no sentido de decidir o que é bom ou o que é ruim, e se acham no direito de ditarem as regras e de estarem sempre reivindicando, em nome de movimentos sociais, a sua anistia ou o impedimento de que qualquer lei possa lhes atingir, ou seja, a figura do inimputável (Senado Federal, 2015).

Sen. Aloysio Nunes Ferreira, PSDB-SP - Por que movimento social? Em primeiro lugar, nenhum movimento social é colocado no banco dos réus. São indivíduos, são pessoas, que podem se reivindicar como membro do movimento social para escapar da tipificação de terrorismo. É difícil saber o que é movimento social. O que é movimento social? [...] Movimentos sociais não têm existência, digamos, palpável, muitos deles sequer têm personalidade jurídica. Então, o fato de alguém fazer parte de movimento social não pode ser excludente de antijuridicidade (Senado Federal, 2015).

O projeto foi aprovado no Senado Federal, nos termos do relatório do Sen. Aloysio Nunes, com 34 votos favoráveis, 18 contrários e 1 presente. Tendo havido alteração substancial em relação ao projeto aprovado pela Câmara dos Deputados, para lá retornou o projeto. Em 24 de fevereiro de 2016, em discussão no plenário da Câmara, foi rejeitado, em votação simbólica, o substitutivo aprovado no Senado, o que implicou na aprovação do texto do PL 2.016/2015 no formato em que havia sido aprovado na Câmara anteriormente. Foram citados como motivos a superioridade técnica do projeto da Câmara e a retirada da exceção para movimentos sociais, entre outros.

Em 16 de março de 2016, o Projeto de Lei 2.016/2015 foi sancionado pela Presidente Dilma e convertido na Lei Ordinário nº 13.260/2016.

Considerações finais

O objetivo do presente trabalho foi ressaltar como a discussão de um determinado tópico – a definição do terrorismo na legislação penal – mobiliza uma série de argumentos e memórias que se centram na preocupação em proteger a liberdade de associação e manifestação de movimentos sociais e políticos – essencial para o exercício da liberdade de expressão. Isso porque existe uma percepção de que esse projeto de lei pode acabar sendo empregado como instrumento autoritário.

Existe uma desconfiança, de alguns setores, de que operadores do Direito, como delegados, promotores e juízes, se aproveitarão da nova lei para reprimir manifestações e movimentos sociais, como o MST. Essa desconfiança é fundada na experiência (traumática) do período da ditadura militar. A bem da verdade, o país vive outro momento, com instituições democráticas e um judiciário ativo e independente, capaz de controlar eventuais excessos. No entanto, a determinação de se evitar que esses excessos sejam cometidos é mais do que suficiente para motivar parlamentares a se oporem a esse projeto de lei ou buscarem prever exceções para sua aplicação.

A oposição ao projeto é alimentada pela percepção de que se trata de uma imposição externa, desnecessária para o país, frente a sua história de (inexistentes) atentados terroristas. Não há como negar, todavia, que o país se encontra plenamente inserido na economia global, fazendo da possibilidade de um ataque algo que merece consideração. Vale lembrar, portanto, o argumento empregado pelos setores favoráveis a aprovação do PL 2.016/2015: não seria melhor discutir (e aprovar) um projeto de lei sobre esse tema em um momento não conturbado, de maneira preventiva, do que fazê-lo às pressas na eventualidade de um ataque?

Uma coisa que se nota, claramente, é a dicotomia dentro do Partido dos Trabalhadores, especificamente, e dos partidos de esquerda da base de apoio da Presidente Dilma Rousseff. De um lado, seguem a diretiva do governo, qual seja aprovar o projeto para evitar que o Brasil seja vítima de sanções no plano internacional. De outro, em sintonia com a militância partidária e os movimentos sociais organizados que sempre foram especialmente próximos a esses partidos, muitos de seus parlamentares são os mais ferrenhos opositores desse projeto de lei. Assim, a rivalidade entre governo e oposição perde força nessa questão em particular, havendo outras dinâmicas em jogo.

O que o presente capítulo pretendeu destacar é que a discussão no Congresso Nacional permitiu que se evidenciem as linhas de pensamento, na sociedade, sobre um tema de grande destaque na agenda internacional, mas que, até o momento, não vinha mobilizando as forças políticas no Brasil.

Referências

ASSOCIAÇÃO NACIONAL DOS PROCURADORES DA REPÚBLICA. *Nota Técnica PRESI/ANPR/JRC nº 009/2015*. Brasília, 2 jul. 2015. Disponível em: <http://anpr.org.br/assets/uploads/files/Juridico/Notas_Tecnicas/NotaTecnica_009_2015.pdf>. Acesso em: 20 jan. 2016.

ANNAN, K. *Fighting Terrorism for Humanity*: A Conference on the Roots of Evil.

Palestra à International Peace Academy. Nova York, 22 set. 2003.

CÂMARA DOS DEPUTADOS. *Sessão Plenária*. Brasília, 30 mar. 2015a.

_____. Sessão Plenária. Brasília, 08 jun. 2015b.

_____. Sessão Plenária. Brasília, 04 ago. 2015c.

_____. Sessão Plenária. Brasília, 05 ago. 2015d.

_____. Sessão Plenária. Brasília, 11 ago. 2015e.

_____. Sessão Plenária. Brasília, 12 ago. 2015f.

_____. Sessão Plenária. Brasília, 13 ago. 2015g.

CÂMARA NOTÍCIAS. *Grupo de Ação Financeira pede a Cunha urgência para leis de combate ao terrorismo*. Brasília, 9 abr. 2015. Disponível em: <http://www2.camara.leg.br/camaranoticias/noticias/ADMINISTRACAO-PUBLICA/485561--GRUPO-DE-ACAO-FINANCEIRA-PEDE-A-CUNHA-URGENCIA-PARA--LEIS-DE-COMBATE-AO-TERRORISMO.html>. Acesso em: 20 jan. 2016.

CUNHA, C. L. M. *Terrorismo Internacional e a política externa brasileira após o 11 de Setembro*. Brasília: FUNAG, 2010.

GAFI. *Mutual Evaluation Report*: Federative Republic of Brazil. Paris, 25 jun. 2010. Disponível em: <http://www.fatf-gafi.org/media/fatf/documents/reports/mer/MER%20Brazil%20full.pdf>. Acesso em: 22 jan. 2016.

_____. *FATF Annual Report 2013-2014*. Paris, 2014. Disponível em: <http://www.fatf-gafi.org/media/fatf/documents/brochuresannualreports/FATF%20Annual%20report%202013-2014.pdf>. Acesso em: 22 jan. 2016.

GOMES, M. G. M. As limitações do tratamento penal dado ao terrorismo pelo ordenamento jurídico brasileiro. IN: FERNANDES, A. S.; ZILLI, M. *Terrorismo e Justiça Penal:* reflexões sobre a eficiência e o garantismo. Belo Horizonte: Ed. Forum, 2014, p. 357-379.

MOREIRA, A.; CAMPOS, E. Brasil pode ir para lista negra de combate ao terrorismo. *Valor Econômico*, Brasília, 13 mar. 2015. Disponível em: <http://www.valor.com.br/financas/3951278/brasil-pode-ir-para-lista-negra-de-combate-ao--terrorismo>. Acesso em: 20 jan. 2016.

O ESTADO DE SÃO PAULO. A lei antiterrorismo. São Paulo, 3 nov. 2015. Disponível em: <http://opiniao.estadao.com.br/noticias/geral,a-lei-antiterrorismo,10000001041>. Acesso em: 20 jan. 2016.

ONU. *Relatório sobre a Promoção e Proteção dos Direitos Humanos e Liberdades Fundamentais no Combate ao Terrorismo à Comissão de Direitos Humanos do ECOSOC*. Genebra, 28 dez. 2005. UN official website. Disponível em: <http://daccess-dds-ny.un.org/doc/UNDOC/GEN/G05/168/84/PDF/G0516884.pdf?OpenElement>. Acesso em: 23 nov. 2015.

_____. *Relatório do Relator Especial para a Promoção e Proteção dos Direitos Humanos e Liberdades Fundamentais no Combate ao Terrorismo*. Nova York, 16 ago. 2006. UN official website. Disponível em: <http://daccess-dds-ny.un.org/doc/UNDOC/GEN/N06/477/03/PDF/N0647703.pdf?OpenElement>. Acesso em: 23 nov. 2015.

RECH, M. *Ameaça Terrorista no Brasil*: apresentação à Comissão de Relações Exteriores e de Defesa Nacional da Câmara dos Deputados. Brasília, 27 maio 2015.

SENADO FEDERAL. *Sessão Plenária*. Brasília, 29 out. 2015.

SOBEL, C. *Counterterrorism in Brazil*: one step forward, one back (part 2 of 2). Brasília, 11 abr. 2008. Wikileaks. Disponível em: <https://wikileaks.org/plusd/cables/08BRASILIA504_a.html>. Acesso em: 20 jan. 2016.

SPEKTOR, M. *18 Dias*: quando Lula e FHC se uniram para conquistar o apoio de Bush. São Paulo: Objetiva, 2014.

■ Terror em operações de paz multidimensionais das Nações Unidas

Terror em operações de paz multidimensionais das Nações Unidas[1]

Aline Cirino Gonçalves e Ana Cristina Nunes Escaleira[2]

> *We fought a military war; our opponents fought a political one. We sought physical attrition; our opponents aimed for our psychological exhaustion. In the process, we lost sight of one of the cardinal maxims of guerrilla war: the guerrilla wins if he does not lose. The conventional army loses if it does not win*
> (Kissinger, 1969, p. 214).

Introdução

A década de 1990 foi um ponto de viragem para a condução de operações militares com propósitos humanitários, especial-

---

1. Este texto corresponde ao artigo enviado por Aline Cirino Gonçalves e Ana Escaleira à Conferência. Título original: Terror em operações de paz multidimensionais das Nações Unidas: um estudo de caso da missão integrada de estabilização multidimensional das Nações Unidas no Mali (Minusma) e da força provisória das Nações Unidas no Líbano (Unifil).
2. Aline Cirino Gonçalves é graduada em Direito com formação complementar em Relações Internacionais pela Fundação Getulio Vargas. Atualmente, é bolsista de mestrado pelo Conselho Nacional de Desenvolvimento Científico e Tecnológico (CNPq) no programa de pós-graduação em História, Política e Bens Culturais do CPDOC, na Fundação Getulio Vargas. Seus interesses de pesquisa são ciências militares, intervenções humanitárias e história global.
Ana Escaleira é graduada em Relações Internacionais pelo Centro Universitário da Cidade. Cursou disciplinas como aluna especial do mestrado em Segurança Internacional na Universidade de Leicester, Reino Unido, e do Programa de Pós-graduação em Ciências Militares na Escola de Comando e Estado Maior do Exército Brasileiro (ECEME). Ocupou por dois anos o cargo de assistente de diplomata na Embaixada Brasileira na África do Sul e participou do programa de trainee do Centro de Informações das Nações Unidas no Rio de Janeiro (UNIC-Rio). Seus interesses de pesquisa são Segurança Internacional, Defesa e Assuntos Estratégicos, Operações de Paz e Oriente Médio.

mente no âmbito da Organização da Nações Unidas (ONU). Contrariando as expectativas sobre as possibilidades de atuação do Conselho de Segurança (CSNU) a partir da saída dela da Guerra Fria e com o fim da polarização entre soviéticos e norte-americanos, que impedia a atuação efetiva do órgão responsável pela manutenção da paz e segurança internacional, o período foi marcado por crises humanitárias e respostas internacionais insuficientes ou inadequadas (Mazower, 2010, p. 8). O limitado escopo de atuação definido pelos mandatos das missões (Santos; Russo, 2007, p. 322) fez com que a presença de Capacetes Azuis (militares desdobrados em operações de manutenção da paz da ONU) não impedisse a prática de violações massivas de direitos humanos em ocasiões como o genocídio de Srebrenica (Power, 2004, p. 13-14), o que levantou questionamentos sobre a necessidade da organização.

Reformulações no sistema de segurança coletiva das Nações Unidas eram à época fundamentais para preservar a sua própria existência. É com esse propósito que foi elaborado o relatório Brahimi, considerado a espinha dorsal das operações de paz. Por seus termos de referência, o documento deveria analisar as deficiências do sistema existente e fazer recomendações de mudança francas, específicas e realistas, direcionadas tanto a política e estratégica quanto a operações e questões organizacionais.

Ainda que lhe tenha sido atribuída grande importância, a maior parte das diretrizes que estabelecera jamais foram implementadas. Seu caráter eminentemente operacional e tático divergia das expectativas do CSNU, a quem se dirige o relatório, cuja atuação se dá no nível estratégico. Sua credibilidade e legitimidade também foram questionadas, pois a sua produção centrada nos especialistas do painel não se preocupou em ouvir as vozes dos demais interessados na questão.

Outros documentos sobre as missões de paz foram produzidos no decorrer da última década, como os Princípios e Diretrizes de Operações de Manutenção de Paz das Nações Unidas – a Doutrina Capstone, documento permanente emitido em 2008 pelo Departamento de Operações de Manutenção de Paz (DPKO) com o propósito de descrever o papel da ONU nas missões – e o relatório New Horizon – publicado em 2010 com novas determinações sobre as parcerias no sistema de segurança coletiva das Nações Unidas. Mas apenas no final de 2014 foi formado um painel de especialistas responsável por revisar e atualizar o relatório Brahimi.

O High-Level Independent Panel on Peace Operations (Hippo) enfrentou, além do desafio de preencher as lacunas deixadas pelo seu antecessor, novas questões que surgiram na arena internacional. Uma das mais sensíveis com as quais se lidou foi o crescimento da ameaça terrorista e o risco que ela implica para a paz e a segurança no mundo.

As operações de manutenção de paz são confrontadas por ameaças não convencionais, assimétricas ou hostis. A ONU enfrentou ataques terroristas na última década no Iraque e no Afeganistão. No entanto, as redes terroristas transnacionais são uma ameaça bem diferente dos grupos armados não estatais que a ONU enfrenta quando implementa mandatos complexos em teatros operacionais.

Esse artigo tem por fim abordar os desafios militares contemporâneos gerados pelo terrorismo durante uma Operação de Paz Multidimensional das Nações Unidas. Para tanto, será contextualizado o surgimento dessa modalidade de operação e definido seu conceito. Em seguida, o crescimento da ameaça terrorista em missões da ONU será analisado, principalmente investigando de que maneira a mudança no modelo de atuação o influenciou e quanto ele é reflexo da conjuntura internacional. Será debatido em que medida os *peacekeepers* têm condições adequadas de resposta a esses eventos.

Será ainda feito um estudo de caso da Minusma – a primeira Operação de Paz Multidimensional das Nações Unidas a lidar com uma rede terrorista operando em seu terreno (Artiñano et al., 2014, p. 6) – e da Unifil. A análise das situações foram elaboradas através da observação e participação durante os treinamentos para desdobramento de militares em missões individuais e das tropas em Missões Multidimensionais de Manutenção de Paz das Nações Unidas, análise de documentos, relatórios e comunicados à imprensa. Por fim, serão elaborados comentários sobre as recomendações do Hippo sobre terrorismo para a atuação do componente militar desdobrado em solo durante uma Operação de Paz Multidimensional das Nações Unidas.

Operações de Paz Multidimensionais das Nações Unidas

Desde a primeira operação de manutenção de paz das Nações Unidas (OPK), iniciada na Palestina em novembro de 1947, a estrutura e o mandato das missões sofreram grandes mudanças. Marcado pela impossibilidade de ação diante dos vetos sucessivos dos Estados Unidos da América (EUA) e União das Repúblicas Socialistas Soviéticas (URSS) durante os anos de Guerra Fria, o Conselho de Segurança das Nações Unidas (CSNU), órgão responsável desde o final da Segunda Guerra Mundial pela paz e segurança internacional, não era capaz de exercer efetivamente suas funções. Ao final da década de 1980, era grande o anseio pela superação do longo período de alijamento (Mazower, 2010, p. 8).

A década de 1990 contraria essas expectativas. A atuação dos contingentes militares em solo nas recorrentes crises humanitárias do período era limitada pelo escopo do mandato tradicional e essencialmente militar. Nas missões tradicionais[3], surgidas durante os primeiros anos de Guerra Fria, somente o componente militar era desdobrado com o propósito de gerir o conflito, e os esforços políticos deveriam ficar a cargo de outros atores, como diplomatas ou representantes de outros Estados. As tarefas dos capacetes azuis se resumiam à assistência a negociação, persuasão, verificação da situação e medidas para assegurar a separação física das partes em conflito (Peace, 2014, p. 39).

Os genocídios de Ruanda e Srebrenica foram presenciados pelas tropas de paz da Organização das Nações Unidas (ONU), impedidas de agir exceto em caso de legítima defesa. A "regularidade biológica da barbárie" (Power, 2004, p. 48) precisava de uma resposta mais robusta, e as pressões internacionais para que o CSNU as permitisse eram crescentes.

É nesse contexto que surgem as OPK Multidimensionais, cujo mandato, além dos objetivos militares tradicionais, abarca fins políticos e substituição das funções de governo, prevê a interação de componentes policiais,

---

3. Muitas missões que assumiram esse modelo persistem até hoje com seus mandatos próximos aos originais, tais como a Força de Manutenção de Paz das Nações Unidas no Chipre (United Nations Peacekeeping Force in Cyprus, UNFICYP); a Força de Observação para o Desengajamento das Nações Unidas (United Nations Disengagement Observer Force, UNDOF) nas Colinas de Golan, na Síria; a Missão da ONU para o Referendo no Sahara Ocidental (United Nations Mission for the Referendum in Western Sahara, MINURSO); e o Grupo de Observadores Militares das Nações Unidas na Índia e no Paquistão (United Nations Military Observer Group in India and Pakistan, UNMOGIP) (Peace, 2014, p. 40).

civis e militares e permite o uso da força não só para casos de legítima defesa, mas também para a defesa do mandato (Santos; Russo, 2007, p. 322). Com a variedade de atores em campo, sejam eles componentes da missão, parceiros nacionais, internacionais ou atores estatais, o diálogo entre o pessoal militar e os policiais e civis envolvidos na operação é fundamental para atingir o objetivo final do mandato: a solução definitiva do conflito.

State Building: "Construindo um avião no ar"

O novo modelo de mandato estabelecido tem objetivos mais amplos que o tradicional estabelecimento de uma *buffer zone*[4]. Em resposta aos insucessos da década de 1990, as missões passaram a ser estabelecidas assim que se alcançasse um acordo de paz, ainda que frágil, em um conflito. Os objetivos a se atingir são, dessa forma, muito mais amplos e complexos. Os componentes civil, policial e militar atuam em conjunto para estabelecer um ambiente seguro e estável enquanto cooperam com atores nacionais a implementação do mandato (Peace, 2014, p. 42).

Em grande parte das missões contemporâneas, o trabalho do pessoal em solo é de construção do Estado propriamente dito. Antes do desdobramento, eles se preparam para atuar na reintegração de ex-combatentes à sociedade, estruturação do estado de direito, verificação do respeito às normas internacionais de direitos humanos e humanitários e suporte para a implementação da democracia. As tarefas realizadas se estendem desde a constituição de um sistema de Estado, com a formação de instituições burocráticas como poder judiciário, polícia local e sistemas de identificação civil, até a criação da própria ideia de Estado, construída com base no modelo de Estado Moderno ocidental democrático, enquanto um ente verticalizado, presente em todas as esferas da vida cotidiana e englobando todos os centros de poder (Abrams, 1988, p. 81; Ferguson; Gupta, 2002, p. 983).

Durante o treinamento para uma Missão Multidimensional das Nações Unidas, o *peacekeeper* recebe dos instrutores a tarefa de "construir um avião

---

4. Termo militar que se refere à "zona de amortecimento" do conflito a partir do posicionamento de tropas entre as partes envolvidas no combate com intuito de gerar uma área desmilitarizada (Peace, 2014, p. 30-41).

no ar"[5]. É necessário construir um novo modelo de Estado ao mesmo tempo que as instituições estatais funcionam, assegurar sua legitimidade e naturalizar sua autoridade enquanto a ideia de presença estatal ainda não faz parte do repertório daquela comunidade. A lacuna que se estabelece entre o objetivo dos capacetes azuis e as expectativas da sociedade civil, com seus próprios campos de luta política, enraizados nas experiências das comunidades locais, gera tensões próprias a esse tipo de operação de paz (Ferguson; Gupta, 2002, p. 982-984).

Novas guerras e as ameaças ao modelo

O novo modelo das intervenções das forças de paz gera riscos antes inexistentes. A população do país sede nem sempre é favorável à presença internacional em seu território, o que põe em questão o consentimento necessário para a implementação do mandato; e o contato mais intenso com os atores nacionais, necessário para atingir os objetivos políticos da missão, muitas vezes distorce a percepção sobre a imparcialidade dos funcionários da ONU. Essa situação, porém, não é o único fator que impõe novos desafios à segurança do pessoal desdobrado para a manutenção da paz.

Viu-se surgir na década de 1990 uma nova forma de violência organizada, de natureza eminentemente política (Kaldor, 2013, p. 2), que ultrapassa a definição tradicional clausewitziana de guerra como um duelo em grande escala cujo verdadeiro intuito é derrubar o oponente e torná-lo incapaz de oferecer qualquer resistência para assim atingir o propósito de impor sobre ele a própria vontade (Clausewitz, 1996, p. 86).

As chamadas Novas Guerras[6] vêm encontrando solo fecundo em localidades nas quais governos autoritários têm suas raízes arraigadas e encontram-se enfraquecidos ou ameaçados diante do fenômeno da globalização. Esses conflitos têm uma nova lógica e respondem diferentemente aos estímulos tradicionais. Seus atores não se restringem mais às forças armadas do Estado, seus objetivos são

---

5. Dado etnográfico durante o primeiro dia de treinamento para Operações de Coordenação Civil Militar das Nações Unidas para o desdobramento do 22º contingente brasileiro no Haiti dito pelo instrutor, acompanhado de vídeo institucional, ao se referir às operações de *state building*.
6. O termo será usado para indicar a "nova forma de violência organizada" surgida a partir das décadas de 1970 e 1980. Para saber mais sobre o tema, ver Kaldor (1999).

não mais geopolíticos ou ideológicos, mas em grande medida questões político identitárias; seus métodos não são mais caracterizados pelas batalhas e confrontos diretos, mas por subterfúgios políticos que objetivam o controle da população; e suas formas de financiamento não se restringem aos meios estatais, mas atingem atores privados com interesse no conflito (Kaldor, 1999, p. 69-89).

As inovações também se refletiram em novas tecnologias de confronto. Os atores do conflito têm sido cada vez menos convencionais e compreendem desde facções de guerrilha até o crime organizado (Peace, 2014, p. 113). Conciliar as necessidades de combate que emergem com o não uso da força envolve riscos substanciais.

A combinação desses fatores – a dúvida sobre sobre o consentimento para a missão, a percepção distorcida da imparcialidade dos *peacekeepers* e a necessidade de adequar a medida do uso da força às intervenções nas "Novas Guerras" – torna os próprios capacetes azuis alvos do confronto. Com os três princípios fundamentais das Operações de Paz das Nações Unidas (Peace, 2014, p. 50) postos em cheque – o consentimento do país-sede da missão, a imparcialidade das Nações Unidas e o não uso da força –, é necessário repensar o modelo de atuação para adequá-lo aos desafios militares contemporâneos.

Redes terroristas em Operações de Paz

As mudanças nas Operações de Paz das Nações Unidas no início do século 21 vieram acompanhadas da escalada da preocupação com questões relativas ao terrorismo internacional, culminando na chamada "Guerra ao Terror" após os ataques às torres gêmeas em 11 de setembro de 2001. O caráter transnacional da ameaça não era novo. Ele já se fazia presente desde os anos 1880, durante a primeira onda anarquista do terror. O termo foi usado outras vezes, principalmente durante a década de 1970 para descrever atividades da "Nova Esquerda" na terceira onda. Mas é com o surgimento da quarta onda, o terrorismo ligado à religião, que se viu surgir um novo modelo de emprego do terror (Rapoport, 2002, p. 8-12).

Com padrões e objetivos nunca antes vistos, a Al-Qaeda, sob a liderança de Osama Bin Laden, pretendia empregar táticas terroristas destinadas à formação de um Estado para a população muçulmana sunita. A ambição do projeto permitiu que sunitas de diversas partes do mundo se juntassem à organização, alterando substancialmente o tradicional modelo de recrutamento centrado em uma base nacional de operações. Sua atuação errática por meio de células dormentes e braços espalhados por seu território de atuação dificulta a aplicação dos meios tradicionais de contraterrorismo, já que sua estrutura *sui generis* lhe conferiu o caráter de grupo particionado em unidades quase independentes (Rapoport, 2002, p. 14, 18).

A Al-Qaeda, desde 1996, faz ameaças diretas às Nações Unidas. A declaração de guerra de Bin Laden contra os EUA acusava a organização de conspiração e de ter cometido atrocidades contra a população islâmica (Lynch, 2007). Somente no período compreendido entre julho de 2005 e outubro de 2013, a ONU sofreu aproximadamente 70 ataques cuja autoria estava ligada à Al-Qaeda (Artinão et al., 2014, p. 13).

Outras redes terroristas transnacionais, tais como o Boko Haram e o autoproclamado "Estado Islâmico", têm surgido e ganhado força nos últimos anos e representam para as Nações Unidas uma ameaça diferente de outros grupos armados. Suas demandas e atuação transnacional são difíceis de acomodar na abordagem centrada no Estado característica do sistema ONU, e o envolvimento com o crime organizado transnacional, combinado à pratica de tornar a própria Organização alvo prioritário, fazem com que essas entidades tenham um impacto importante nas missões em solo (Artinão et al., 2014, p. 6).

Os perigos para a segurança do *staff* das Nações Unidas implicam em novas atribuições ao componente da força, responsável por garantir o ambiente seguro e estável para a implementação do mandato. O desdobramento em solo se dá num ambiente de conflito assimétrico, no qual a superioridade tecnológica dos militares em missão é superada pela motivação para o combate aliada à disposição de dar a vida pela causa. As estratégias de atuação e a permissão do uso da força apenas em legítima defesa e em defesa do mandato muitas vezes não são suficientes para o enfrentamento em um ambiente de confronto irregular. Quando o terrorismo é utilizado como tática de guerra, é imprescindível um alto grau de controle, comprometimento de longo prazo e a interação direta com a população para a produção de inteligência (Tratz, 2013, p. 149-150).

A ONU, em contrapartida, opera dentro dos limites dos Estados que lhe legitimam e cedem tropas. A inclinação para aceitarem a ampliação do escopo de atuação militar, com todo o aumento de investimentos e perdas em combate que isso acarretaria, em uma guerra periférica que não ameaça a sua existência, é baixa (Castro, 2007, p. 73). O controle político das operações militares reduzem o sacrifício humano pela preferência por campanhas mais curtas e com menores probabilidades de morte em conflito, mas a diminuição do campo de agência para a produção de estratégias militares limita as possibilidades de sucesso da operação.

É um fato, porém, que a Organização provavelmente será cada vez mais chamada a atuar em áreas com presença de redes terroristas transnacionais, posto que as guerras de grande escala tornaram-se muito caras ou perigosas e o terrorismo prevalece atualmente (Laqueur, 2007). Para melhor compreender os desafios gerados por essa questão, optou-se aqui por elaborar uma análise das situações atuais nas quais os capacetes azuis lidam com ela.

Minusma

As Nações Unidas já encararam o terrorismo algumas vezes na sua história. Mas com a Minusma a ONU teve de lidar pela primeira vez com uma rede terrorista internacional no terreno de uma Missão Multidimensional de Manutenção de Paz. O caso aqui exposto tem função de ilustrar os desafios para a segurança gerados pela convivência com o terrorismo transnacional.

A Missão Integrada de Estabilização Multidimensional das Nações Unidas no Mali foi estabelecida em 25 de abril de 2013 através da resolução 2100 do CSNU e teve seu mandato ampliado duas vezes, em 25 de junho de 2014, pela resolução 2164, e em 29 de junho de 2015, pela resolução 2227. O objetivo desse estudo de caso é analisar o cenário que levou a cada uma delas e a adequação da resposta à nova situação.

O conflito no Mali é extremamente complexo. O braço da Al-Qaeda no Magreb Islâmico (AQMI) opera na região sob a liderança argelina desde a década de 1990 e, ao lado do grupo Movimento para a Unidade e a Jihad na África Ocidental (Mujao), se consolidou como a principal força militar do país em 2012. Além do terrorismo internacional, outras ameaças, como redes transnacionais de crime organizado, também atuam no terreno. Disputas pelo controle da rota do tráfico de cigarro, alimentos, petróleo e maconha, nas quais estava envolvido o grupo Ansar al-Dine, de liderança tuareg, causaram tensões nos anos que precederam a eclosão das revoltas (Artinão et al., 2014, p. 13; Lacher, 2013, p. 2).

A questão está ligada à crise do norte da África, principalmente na região do Sahara e Sahel. Após a queda do regime líbio, em 2012, mais de 1500 tuareg malineses, nômades de origem berber da província do Fezzan, na Líbia, retornaram a seu país. Eles integraram durante anos as forças de Qadhafi e levaram consigo para o Mali veículos e armamento pesado. Diante da conjuntura, o Movimento Nacional pela Libertação de Azawad (MNLA), de liderança tuareg, começou a demandar a formação de um Estado independente (Lacher, 2013, p. 2).

Em abril de 2012, o MNLA declarou a independência do Azawad. Logo em seguida, em junho do mesmo ano, o grupo entrou em conflito com o Mujao, que tentava impor a sharia no território. O Ansar al-Dine, aliado aos grupos jihadistas AQMI e Mujao, foi capaz de expulsar o MNLA da maior parte das cidades conquistadas (Lacher, 2013, p. 3). Em dezembro de 2012, através da resolução 2085 do CSNU, a operação Serval, intervenção militar francesa para a contenção da situação no Mali, foi autorizada.

Após o estabelecimento do cessar fogo, uma nova operação, a Minusma, foi implementada, em abril de 2013. Seu mandato previa operações *state building* e Proteção de Civis (POC). A intervenção militar francesa permaneceu apoiando a contenção da situação em sua área de atuação. Em outubro de 2013, em decorrência de um ataque suicida, dois soldados e um civil integrantes da missão foram alvejados (AlJazeera, 2013).

Em julho de 2014, o mandato da missão foi renovado e ampliado para responder à escalada do terrorismo. Em setembro daquele ano, mais uma vez soldados das forças de paz morreram em decorrência de um atentado (Psaki, 2014). No mês seguinte, outro ataque matou dez soldados. Até aquele momento, o número de soldados mortos na missão já passava de vinte (Voice of America, 2014). A situação se manteve quando o mandato foi novamente renovado em junho de 2015, e os *peacekeepers* permanecem alvos do terrorismo na região.

Unifil

A Unifil, criada em 1978, foi estabelecida para confirmar a retirada das Forças Israelenses do sul do Líbano, devolver a paz e a segurança internacional e assistir o Governo Libanês na retomada da sua autoridade na região. Em 2006, após a Segunda Guerra do Líbano, ela teve seu mandato ampliado e foi reforçada por novos contingentes. Com a função de assegurar que a área entre a chamada Linha Azul, que separa Israel do Líbano e do Rio Litani, seja livre de armamentos, pessoas e bens não autorizados, a missão conta com mais de 10 mil pessoas de 38 países. Foi a primeira e única Missão de Paz da Organização das Nações Unidas a contar com uma Força-Tarefa Marítima, atualmente comandada pela Marinha do Brasil. Em 21 de agosto de 2015, o Conselho de Segurança decidiu através da resolução 2236 estender o mandato atual da Força Interina nas Nações Unidas no Líbano por mais um ano até 31 de agosto de 2016.

A Unifil atua em uma região multicultural e complexa. Marcada por um sectarismo refratário, disputas históricas integram a trajetória dos diversos grupos que lá coabitam, indicando que as tensões entre os diversos grupos tendem a continuar (Harris, 2015, p. 283). A importância de compreender as particularidades das culturas locais é considerada fundamental para o treinamento das tropas que irão lidar com uma região na qual política e religião estão intimamente ligadas (Unifil terá pela primeira vez a participação da corveta "Barroso", 2015).

Desde o sequestro do oficial das Forças Navais Americanas, Tenente Coronel William Richard Higgins, em 1989, pelo ex-sargento da inteligência das Forças Armadas Libanesas que se tornara membro de uma facção pró-Hezbollah, Mustafa Dirani, prejudicando à época a possibilidade de cooperação entre o grupo e a Unifil (Norton, 2007, p. 43), a missão foi alvo de diversos ataques terroristas. Desde a resoluçao 1701 de 2006, o emprego de explosivos aumenta o número de vítimas de cada episódio. O primeiro deles, ocorrido em 24 de junho de 2007, envolveu um carro-bomba guiado por um militante suicida e causou a morte de seis soldados da Unifil, três espanhóis e três colombianos, todos do Exército da Espanha (Pio, 2007). Outros atentados semelhantes ocorreram nos anos que se seguiram, alvejando além das tropas desdobradas, comboios logísticos de apoio à missão (Pio, 2011).

Encontrar uma solução permanente à ameaça da militância extremista no Líbano requererá a análise de causas complexas que vão muito além de questões militares. Desde 2007, uma das principais questões a se tratar é a situação dos palestinos em campos de refugiados no país (Saab; Ranstorp, 2007, p. 6). Hoje, cerca de um quarto de seus habitantes são refugiados, distribuídos em doze campos; e, dada a proibição de exercer diversas profissões, a taxa de desemprego dessa parcela da população chega a 80%, deteriorando sua situação já vulnerável. Dessa forma, o risco de recrutamento para organizações terroristas faz-se cada vez mais presente (Unrwa, 2014).

Além disso, a situação do país é cada vez mais volátil por conta da Guerra Civil na Síria. Além dos mais de um milhão e cem mil refugiados que cruzaram os 360 quilômetros da fronteira entre os dois países, o terrorismo transnacional tem impacto sobre a República Libanesa diante da escalada do conflito entre a Al-Qaeda e o autoproclamado Estado Islâmico (Cockburn, 2015, p. 41).

O terrorismo é um problema presente na República Libanesa. A complexidade social do Líbano, a fraqueza de seu governo central e as desigualdades econômicas e sociais entre os vários grupos étnicos levaram à ascensão de milícias sectárias armadas – algumas se utilizam de táticas de terrorismo. A organização mais proeminente é o Hezbollah, fundado em 1982 durante a Primeira Guerra do Líbano.

Desde 2011, a situação de segurança deteriorou no país por conta do agravamento do *spillover* da violência na Síria e o envolvimento de libaneses lutando no conflito. Quanto ao desenvolvimento humano, o país ocupa a 65ª posição no ranking do Índice de Desenvolvimento Humano (IDH) de 2014, com o índice atribuído de 0,765 (Undp, 2014). O país é, pois, instável. Preocupados com a segurança de suas tropas, os comandantes da Unifil não possuem os recursos de inteligência necessários para proteger-se contra ataques terroristas. A Unifil acaba por contar com a cooperação do aparato de segurança libanês, por falta de condições de conduzir atividades de contraterrorismo.

Considerações: as novas diretrizes do Hippo sobre terrorismo em operações de paz

Este artigo teve como propósito analisar os desafios militares contemporâneos durante uma operação de paz multidimensional das Nações Unidas ao lidar com redes transnacionais de terrorismo. Para tanto, foi fundamental estabelecer o conceito e as diferenças entre missões tradicionais e multidimensionais. Foi visto que os novos objetivos políticos das operações de paz aliados ao surgimento de novas práticas de confronto, aqui chamadas de Novas Guerras, levam ao crescimento do risco à segurança do próprio pessoal desdobrado pela ONU.

Na segunda seção, foi debatida a presença da ameaça terrorista nas operações de paz desde o início do século, especialmente relacionada ao surgimento da quarta onda terrorista e a emergência de redes terroristas transnacionais, especialmente a Al-Qaeda. A partir daí, foram discutidas as possibilidades de atuação do componente militar da missão na garantia de um ambiente seguro e estável e suas desvantagens durante um conflito assimétrico. Por fim, foi feita a análise da situação da Minusma e da Unifil para ilustrar o debate acerca do tema.

Durante os treinamentos para o desdobramento das tropas, inúmeras vezes foi repetido que um dos maiores desafios militares contemporâneos das Operações das Nações Unidas é manter a paz onde não há paz para ser mantida. O que se pode inferir de todo o exposto é que diante da presença do terrorismo transnacional, os tradicionais princípios fundamentais de uma operação de paz – consentimento, imparcialidade e não uso da força – precisam ser repensados.

Ao se manifestar sobre o tema, o Hippo determinou que as forças de paz das Nações Unidas não devem ser desdobradas para lidar diretamente com o combate ao terrorismo. O fato é que intervenções militares para a salvaguarda de civis em ambientes atingidos por redes terroristas se fazem cada vez mais frequentes. As condições de resposta do componente militar em uma missão de paz são realmente prejudicadas em situação de conflitos assimétricos, em especial quando estes envolvem o emprego de táticas terroristas, que alvejam civis, militares não combatentes e bases de operações deliberadamente, com o intuito de causar medo e dissuadir a atuação no terreno.

É necessário reconhecer que a diretriz de não engajamento no combate direto ao terrorismo internacional é adequada ao modelo atual de missão de paz, porém não isenta de riscos o pessoal desdobrado em locais nos quais essa questão se faz presente. A determinação serve apenas provisoriamente, até que se repense o modelo de atuação mais adequado para responder às crescentes ameaças que se impõem no cenário internacional.

Não obstante a importância de se repensar as respostas militares para a questão, é imprescindível reconhecer que elas não são suficientes. A ONU tem papel fundamental de mediar o diálogo em regiões complexas. A busca de uma solução de longo prazo para o problema do terrorismo passa pela compreensão de lutas históricas e causas mais profundas do fenômeno. Além do aparato militar, a inclusão e empoderamento da população civil em locais e condições propícias à escalada do terror é instrumento de contenção para o qual as Nações Unidas estão melhor aparelhadas.

Referências

ABRAMS, P. Notes on the difficulty of studying the State. *Journal of Historical Sociology*, v. 1, n. 1, p. 58-89, 1988.

ARTIÑANO, M. et. al. Adapting and Evolving: The Implications of Transnational Terrorism for UN Field Missions. *Woodrow Wilson School Graduate Policy Workshop*, 2014.

BESHEER, Margaret. Mali Calls for Rapid Reaction Force to Quell Unrest. *Voice of America*, 8 out. 2014. Disponível em: <http://www.voanews.com/content/un-condemns-deadly-attack-on-peacekeepers-in-mali/2476252.html>. Acesso em: 23 out. 2017.

CASTRO, F. B. Os Conflitos assimétricos e a adequação das Forças Armadas. *Padeceme*, v. 1, n. 14, p. 70-8, 2007.

CLAUSEWITZ, C. V. *Da Guerra*. São Paulo: Martins Fontes, 1996.

COCKBURN, P. A. *Origem do Estado Islâmico* – o fracasso da "guerra ao terror" e a ascensão jihadista. 1ª ed. São Paulo: Autonomia Literária, 2015.

FERGUSON, J.; GUPTA, A. Spatializing states: toward an ethnography of neoliberal governmentality. *American Ethnologist*, v. 29, issue 4, p. 981-1002, 2002.

HARRIS, W. *The Levant*: A Fractured Mosaic. 2ª ed. Princeton, NJ: Markus Wiener Publishers, 2015.

KALDOR, M. In Defense of New Wars. *Journal of Stability*, v. 2, n. 1, 2013, p. 1-16.

_____. *New and Old Wars*: Organized Violence in a Global Era. Cambridge: Polity Press, 1999.

KISSINGER, H. The Vietnam Negotiations. *Foreign Affairs*, v. 48, n. 2, p. 214-20, jan. 1969.

LACHER, W. The Malian Crisis and the Challenge of Regional Security Cooperation. *Stability*: International Journal of Security and Development, v. 2, p. 1-5, 2013.

LAQUEUR, W. *Historical context for the phenomenon of modern-day terrorism*. IIP Digital: United States Department of State[S.I], 11 maio 2007. Disponível em: <http://iipdigital.usembassy.gov/st/english/publication/2008/05/20080522172730sr enod0.6634027.html#ixzz3zhHASkrb>. Acesso em: 20 jan. 2016.

LYNCH, C. The U. N. Insignia Emerges as a Global Target for Al-Qaeda Attacks. *The Washington Post*, 25 dez. 2007. Disponível em: <http://www.washingtonpost.com/wp-dyn/content/article/2007/12/24/AR2007122401840.html>. Acesso em: 23 out. 2017.

MAZOWER, M. *No Enchanted Palace*: The End of Empire and the Ideological Origins of the United Nations. Princeton: Princeton University Press, 2010.

NORTON, A. R. *Hezbollah*: A Short History. Princeton: Princeton University Press, 2007.

PEACE OPERATIONS TRAINING INSTITUTE. Core pre-deployment training materials: UN Peacekeeping Pre-Deployment Training Standards. Williamsburg, 2014. Disponível em: <http://cdn.peaceopstraining.org/course_promos/cptm/cptm_english.pdf>. Acesso em: 30 jul. 2015.

PIO. *Press Release*: Commemoration Ceremony Held for Six Fallen Peacekeepers. Beirute: UNIFIL Public Information Office, 2007. Disponível em: <http://unifil.unmissions.org/Portals/UNIFIL/Press%20Releases/PressRelease/2007/pr096e.pdf>. Acesso em: 24 jul. 2015.

_____. *Press Release*: UNIFIL condemns explosion that injured 5 peacekeepers, says attack will not derail mission. Beirute: UNIFIL Public Information Office, 2011. Disponível em: <http://unifil.unmissions.org/Default.aspx?tabid=11552&ctl=Details&mid=15105&ItemID=18349&language=en-US>. Acesso em: 23 out. 2017.

POWER, S. *Genocídio*: A Retórica Americana em Questão. São Paulo: Companhia das Letras, 2004.

PSAKI, J. Attack on MINUSMA. U.S. *Department of State*, 19 set. 2014. Disponível em: <http://www.state.gov/r/pa/prs/ps/2014/09/231887.htm>. Acesso em: 30 set. 2015.

RAPPOPORT, D. The four waves of Rebel Terror and September 11. *Anthropoetics*, Department of Political Science University of California, Los Angeles, v. 8, n. 1, 2002.

RUSSO, C. M.; SANTOS, N. Breda. Diplomacia e Força: A Participação Brasileira em Operações de Paz das Nações Unidas. In: SILVA, K. C. da; SIMÃO, D. S. (Orgs). *Timor-Leste por Trás do Palco*: Cooperação Internacional e a Dialética da Formação do Estado. Belo Horizonte: Editora UFMG, 2007.

SAAB, B.; RASNTORP, M. Securing Lebanon from the Threat of Salafist Jihadism. *Studies in Conflict & Terrorism*, v. 30, n. 10, 2007, p. 825-855.

TRATZ, S. L. *Why do Big States Lose Small Wars?* Coleção Meira Mattos, v. 7, n. 28, 2013, p. 147-155.

UN TROOPS KILLED IN MALI SUICIDE ATTACK. *AlJazeera*, 23 out. 2013. Disponível em: <http://www.aljazeera.com/news/africa/2013/10/un-troops-killed-mali-suicide-attack-20131023144437588851.html>. Acesso em: 30 set. 2015.

UNDP. *Human Development Report*. Sustaining Human Progress: Reducing Vulnerabilities and Building Resilience. Nova York: United Nations Development Program, 2014. Disponível em: <http://www.undp.org/content/dam/undp/library/corporate/HDR/2014HDR/HDR-2014-English.pdf>. Acesso em: 23 out. 2017.

UNIFIL TERÁ PELA PRIMEIRA VEZ A PARTICIPAÇÃO DA CORVETA "BARROSO". Ministério da Defesa, 8 maio 2015. Disponível em: <http://www.defesa.gov.br/noticias/15665-unifil-tera-pela-primeira-vez-a-participacao-da-corveta-barroso>. Acesso em: 23 out. 2017.

UNRWA. *Where We Work*: Lebanon: Camp Profiles. 2014. Disponível em: <http://www.unrwa.org/where-we-work/lebanon>. Acesso em: 1 jul. 2015.

GRÁFICA PAYM
Tel. [11] 4392-3344
paym@graficapaym.com.br